AF094193

www.ingramcontent.com/pod-product-compliance
Lightning Source LLC
LaVergne TN
LVHW010408070526
838199LV00065B/5920
* 9 7 8 9 3 5 8 7 2 6 2 0 6 *

شگوفہ

(افسانے)

مسز عبدالقادر

© Taemeer Publications LLC

Shiguufa *(Short Stories)*

by: Mrs Abdul Qadir

Edition: September '2024

Publisher :

Taemeer Publications LLC (Michigan, USA / Hyderabad, India)

ISBN 978-93-5872-620-6

9 789358 726206

مصنفہ یا ناشر کی پیشگی اجازت کے بغیر اس کتاب کا کوئی بھی حصہ کسی بھی شکل میں بشمول ویب سائٹ پر اَپ لوڈنگ کے لیے استعمال نہ کیا جائے۔ نیز اس کتاب پر کسی بھی قسم کے تنازع کو نمٹانے کا اختیار صرف حیدرآباد (تلنگانہ) کی عدلیہ کو ہو گا۔

© تعمیر پبلی کیشنز

کتاب	:	**شگوفہ** (افسانے)
مصنفہ	:	**مسز عبد القادر**
صنف	:	فکشن
ناشر	:	تعمیر پبلی کیشنز (حیدرآباد، انڈیا)
سالِ اشاعت	:	۲۰۲۴ء
صفحات	:	۹۴
سرورق ڈیزائن	:	تعمیر ویب ڈیزائن

فہرست

مسز عبدالقادر کے افسانے		6
(۱)	شگوفہ	10
(۲)	صدائے جرس	44
(۳)	بلائے ناگہاں	69
(۴)	گلنار	83

مسز عبدالقادر کے افسانے

لاشوں کا شہر اور دوسرے خوفناک افسانوں سے مشہور ہونے والی افسانہ نگار مسز عبدالقادر کا اصل نام بہت عرصے تک لوگوں کے علم میں نہیں آسکا۔ وہ مشہور شاعر سراج الدین ظفر کی والدہ تھیں اور ان کا اصل نام غلام زینب خاتون تھا۔

مسز عبدالقادر خوف ناک فضا بندی کی گاتھک کہانیاں لکھتی تھیں مگر ان کی کہانی "رسیلا" میں بیماری آسیب ہے، بلا ہے مگر محبت اسے شکست دے سکتی ہے۔ مسز عبدالقادر کا انداز اب کسی قدر یک سطحی اور سادہ معلوم ہوتا ہے لیکن پڑھنے والے ان کو بالکل ہی بھول جائیں، یہ بھی زیادتی ہے۔ "رسیلا" محبت کی فتح مندی کا قصہ ہے اور لوک داستان کی سی تاثیر رکھتا ہے۔

نیاز فتح پوری نے اپنے دور کے مروج افسانے سے محض اصلاح نسواں اور سماجی اصلاح پسندی کو موضوعی سطح پر چنتے ہوئے رومانی ذات کے حوالے سے معاشرتی سطح پر انقلاب برپا کرنے کی ٹھانی۔ یوں اردو افسانے میں بلند آہنگی اور نشتریت کی جگہ انسانی داخل کا اثر و نفوذ بڑھا نیز سرسید احمد خان کی متعارف کردہ خشک بے جان نثر کی جگہ ادبِ لطیف نے لے لی۔ اب مجنوں گورکھ پوری نے مرد اور عورت کی محبت کو معاشرتی جکڑ بندیوں سے آزاد دیکھا اور ٹامس ہارڈی و ہیگل کے گہرے اثرات قبول کرتے ہوئے رومان اور فلسفے کے باہمی امتزاج سے اردو افسانے میں نزول رومان پسندی کی ایک نئی الم

پسند لہر متعارف کروادی۔ اس نئی رومان پسند لہر میں مسز عبدالقادر اور حجاب امتیاز علی (حجاب اسماعیل) کا حصہ بہت نمایاں ہے۔

'نزول رومانی انگ' کی پہلی بھرپور صورت مسز عبدالقادر (اصل نام: غلام زینب خاتون) کے افسانے ہیں۔ مسز عبدالقادر کا پہلا افسانہ "لاشوں کا شہر" لگ بھگ 1920ء کی تخلیق ہے۔ یوں "لاشوں کا شہر" سے افسانہ "صدائے جرس" تک ان کے افسانوں پر امریکی ناول نگار اور افسانہ نگار ایڈگر ایلن پو کی چھاپ بہت گہری ہے۔ خاص طور پر افسانہ "بلائے ناگہاں" اور ایڈگر ایلن پو کے افسانے "The Black Cat" کی حیرت انگیز مشابہت خاص طور پر قابل توجہ ہے۔

مسز عبدالقادر کے افسانوں میں حد درجہ کی پُراسراریت اور تجسّس انسانی نفسیات کی حیرت انگیز جہتوں کی چہرہ نمائی کے وسیلے ہیں۔ جب کہ بعض افسانوں خصوصاً "راکھشس"، "سمادھ کا بھوت"، "بلائے ناگہاں"، "لاشوں کا شہر"، "صدائے جرس"، "راہبہ"، "ارواحِ خبیثہ"، "شگوفہ"، "کاسہ ٔ سر"، "ناگ دیوتا"، "رسیلا" میں خوف اور دہشت کی کیفیات انہیں اردو ادب میں سب سے الگ تھلگ اور نمایاں مقام عطا کرتی ہیں۔

مسز عبدالقادر نے ایڈگر ایلن پو کے گہرے اثرات کے تحت افسانہ نگاری کا آغاز کیا اور اس میں اُن کی اپنی نفسی کیفیات نے بھی اہم رول ادا کیا۔ بقول مسز عبدالقادر:

"سیاحت کے دوران میں نے انجیل، تورات، زبور اور قرآن مجید کا تفصیلاً مطالعہ کی۔ اس تمام مطالعہ کا مجھ پر یہ اثر ہوا کہ میرا فلسفہ آواگوں پر یقین ہو گیا اور مجھے یہ خیال آنے لگے کہ میرا دوسرا جنم ہے اور اس لیے میرا اس دنیا میں دل نہیں لگتا۔ لیکن یہ اعتقاد ہندو عقیدے کی وجہ سے نہیں ہوا کیونکہ مجھے ہندوؤں سے بہت نفرت ہے بلکہ میرا یہ

اعتقاد مطالعہ سے اور اپنے ذاتی تجربات کی بنا پر ہوا کیونکہ بعض دفعہ ایسا ہوتا کہ جب میں کسی چیز کو دیکھتی تو مجھے یوں محسوس ہوتا کہ میں اس چیز کو پہلے بھی دیکھ چکی ہوں لیکن یہ یاد نہ آتا کہ یہ چیز پہلے کہاں دیکھی تھی۔"

اس نفسی کیفیت کے زیرِ اثر انھوں نے ڈوب کر لکھا:

"فرزانہ کی چیخیں بند ہو چکی تھیں۔ وہ بے حس و حرکت پڑی تھی۔ میں اس بدحواسی میں اٹھا۔ مرتعش ہاتھوں سے بندوق اٹھائی اور ایک لاش کی پیشانی کا نشانہ لے کر داغ دی۔ گولی ٹھیک نشانہ پر بیٹھی۔ اس لاش کا آدھا سر اڑ گیا۔ مگر وہ بدستور بڑھ رہی تھی۔ حتی کہ لاشیں بالکل قریب آگئیں۔ بڑھی ہوئی مایوسی اور بے بسی سے میرا دل بیٹھ رہا تھا۔ میں دیوار کے سہارے کھڑا ہو گیا۔ اور میری آنکھوں کے سامنے اندھیرا چھانے لگا۔ مجھے صرف اتنا معلوم ہوا کہ کوئی ٹھنڈی سخت چیز میرے بدن پر مَس ہوئی۔ اس کے بعد مجھے کچھ ہوش نہ رہا۔" (افسانہ: "لاشوں کا شہر")

افسانوی مجموعہ "وادیٔ قاف" کے افسانے متنوع منظرناموں اور مناظرِ فطرت (خصوصاً قہار فطرت) اور "راہبہ" کے افسانے دنیا بھر کی گم نام سیاحت گاہوں کے حوالے سے خصوصی اہمیت کے حامل ہیں۔ ہر دو مجموعوں میں قہار فطرت کے مقابل انسان کھڑا ہے:

"اس کا بدن بخار سے پھنک رہا تھا۔ اس کی آنکھیں لال انگارہ ہو رہی تھیں۔ ادھر اُدھر سر پٹختا تھا اور 'مجھے بچاؤ بچاؤ' کہہ کر جگر خراش چیخیں مارتا، کبھی کہتا 'ہائے چچی حفیظ گرم سلاخوں سے میرا بدن داغ رہی ہے۔' کبھی کہتا۔ 'ریشمہ مجھے آتشیں بھالا نہ مارو۔ ہائے مجھے دوزخ کے فرشتے پابجولاں کر کے لے چلے ہیں، مجھے چھڑاؤ۔'

غرض کہ اسی طرح چیختا چلاتا صبح کے وقت مر گیا۔ ادھر طوفان بھی تھم گیا تھا۔"

(افسانہ "پاداش عمل" سے اقتباس)

مسز عبدالقادر خود بتاتی ہیں:

"میں نے کبھی کسی کہانی کا پلاٹ سوچنے کی زحمت گوارا نہیں کی بلکہ جب کبھی مجھے کسی کہانی کے پلاٹ کی ضرورت پڑے تو میں کسی ویران اور سنسان کھنڈر میں چلی جاتی ہوں تو وہاں ماحول کے تاثرات سے کہانی کا پلاٹ خود بخود سوجھ جاتا ہے۔"

(بحوالہ: "خود نوشت حالاتِ زندگی": مملوکہ مرزا حامد بیگ)

اُن کے افسانے نہ صرف موضوعی سطح پر منفرد ہیں بلکہ اسلوبیاتی سطح پر بھی الگ ذائقہ کے حامل ہیں۔ تحیر خیزی اور دہشت ناکی کی پیش کش کے ساتھ ان کا رومانی رویہ انھیں اردو کے بڑے رومانی افسانہ نگاروں میں اہم مقام دلاتا ہے۔

مسز عبدالقادر کے چار افسانوی مجموعے "لاشوں کا شہر اور دوسرے افسانے" (طبع اول: 1936ئ، "صدائے جرس" (طبع اوّل:1939ئ) ، "راہبہ اور دوسرے افسانے" (1946ء) اور "وادیٔ قاف اور دوسرے افسانے" (طبع اول: 1954ء) کے عنوانات سے شائع ہوئے۔

- مرزا حامد بیگ

***

شگوفہ

(۱)

ہماری پارٹی سیر وسیاحت کی غرض سے امرناتھ جارہی تھی۔ ہم لوگ خوشیاں اور رنگ رلیاں مناتے ہوئے پانچ بجے کے قریب چندن داڑھی جا پہنچے۔ یہاں صرف ایک دوکان تھی جو ایک سکھ نے مسافروں کے لیے خیمہ میں کھول رکھی تھی۔

سہ پہر کا سہانا سماں، پہاڑ کی سیر، دلکش فضا، پاک وصاف ہوائیں، ندی کا شور وغل، برفانی پل پر آفتاب کی ناچتی ہوئی کرنیں جھلملا رہی تھیں۔ جن سے معلوم ہوتا تھا کہ تمام دنیا کا حسن سمٹ کر اس لاثانی مقام پر جمع ہوگیا ہے۔ ہم لوگوں نے فیصلہ کرلیا کہ آج رات یہاں ضرور قیام کریں گے۔ ہمارے بار برداری کے ٹٹو اور قلی ابھی پیچھے تھے۔ ہم نے دوکاندار کو چاء کا آرڈر دیا اور خود انتظار کی زحمت سے بچنے کے لیے برف کے پل کی طرف نکل گیے۔ نوعمری کا زمانہ تھا، طبیعت جولانیوں پر تھی۔ تازہ امنگیں، نئے جذبے، زندہ ولولے پوری صحت وتندرستی، سچی خوشیاں، حقیقی مسرتیں، جو اس بے فکری کی عمر کے لوازم شمار ہوتے ہیں اور جن کے زیر اثر دنیا کی ہر ایک چیز ایسی خوبصورت دکھائی دیتی ہے، گویا ہر شے سے خوشیوں اور جوانیوں کا رس ٹپک رہا ہو۔ اس پر یہ قدرتی اور دلفریب ماحول ایک انوکھا اور طلسمی رنگ چڑھا رہا تھا۔

ہم لوگ قدرت کی ان آرائشوں اور دلآویزیوں سے لطف اندوز ہوتے ہوئے برفانی پل پر چلنے لگے۔ پل کے پار ایک کاہی آلود چٹان پر ایک عجیب الہیت انسان بیٹھا تھا۔ اس

کی عمر چالیس سال کے لگ بھگ تھی۔ شکل و صورت سے بھی کچھ برا نہ تھا مگر اس نے وضع انوکھی بنا رکھی تھی۔ یعنی سیاہ رنگ کا ایک لمبا کشمیری طرز کا گرم خرقہ پہن رکھا تھا۔ پاؤں میں سیاہ فوجی بوٹ تھے، ہاتھوں میں چرمی دستانے اور سر پر سیاہ چرمی کنٹوپ اور اس پر طرہ یہ کنٹوپ پر سولہ ہیٹ لگا رکھا تھا۔ آنکھوں پر دوہری عینکیں چڑھی ہوئی تھی اور مزے مزے سے سگریٹ کے کش لگا رہا تھا۔

اس کی ہیئت کذائی پر ہم بے اختیار ہنسنے لگے۔ تھوڑی دیر میں ہمارے قہقہوں کی زبردست یورش سے پہاڑ گونج اٹھے اور ندی کا شور دب کر رہ گیا۔ ہمیں شوخیوں اور شرارتوں کا اچھا موقع ہاتھ آیا تھا، ہم نے اس پر انگریزی زبان میں بھی آوازے کسے، پھبتیاں اڑائیں اور خوب دل کھول کر مذاق کیے۔ لوگ کہتے ہیں کہ جوانی کی سرمستیوں کے سامنے بھوت بھی بھاگتے ہیں مگر اس خدا کے بندے کے کان پر جوں تک نہ رینگی بلکہ ہماری طرف آنکھ اٹھا کر دیکھا ہی نہیں اور بڑے اطمینان سے سگریٹ کا دھواں بکھیرتا رہا ،البتہ ہمارے انتہائی مذاق سے قدرے متاثر ہو کر وہ ہلکے سے مسکرا دیتا۔ اس سے ہماری ہنسی میں مزید اضافہ ہوتا کہ یہ جانگلو کیوں ہنستا ہے؟ اسے کیا کچھ سمجھ آتی ہے اور اس کی اس حرکت پر ہم اتنے ہنستے کہ ہمارے پیٹ میں بل پڑ پڑ جاتے اور گلے خشک ہو کر کھانسی ہونے لگتی۔

اسی ہنسی مذاق میں جب کچھ وقت گزر گیا تو ہمیں چاء یاد آئی اور وہاں سے لوٹے۔ چاء سے فارغ ہوئے تو بار برداری کے ٹٹو اور قلی وغیرہ پہنچ گیے تھے اور خیمے نصب کرانے میں مشغول ہو گیے۔ الاؤ لگوا کر، بستر وغیرہ تیار کروا کر، فارغ ہوئے تو شام ہو چکی تھی۔ اب پیٹ میں چوہے دوڑنے لگے۔

کشمیر کی بھوک توانائی ہوئی ہے۔ اس سرزمین میں آکر قوت ہاضمہ اس قدر تیز

ہو جاتی ہے کہ بغیر منہ چلائے کسی وقت بھی گزارا نہیں ہوتا۔ قدرتی چشموں اور بہتی ہوئی ندیوں کے پانی جو کیمیائی نباتاتی اور جڑی بوٹیوں کی آمیزش سے اکسیر کا جواب رکھتے ہیں، ثقیل سے ثقیل غذا بھی فوراً بھسم ہو جاتی ہے۔ اور بے اختیار الجوع الجوع زبان پر آتا ہے۔ چنانچہ کھانے کی غرض سے دوکان پر پہنچے۔ یکایک ایک کونے میں نظر پڑی تو ہم سب چونک اٹھے کیونکہ کونے میں بچھے ہوئے سٹول پر وہی خرقہ پوش صاحب بیٹھے انگریزی اخبار کا مطالعہ کر رہے تھے، جسے چاء کے وقت ہم لوگ ہی یہاں بھول گیے تھے۔ انہیں دیکھ کر پھر ہمیں مذاق کی سوجھی۔ ہمارے ایک شریر ساتھی نے آگے بڑھ کر کہا، "آپ انگریزی تو خوب جانتے ہوں گے۔ ہمیں بھی کچھ سکھایئے۔"

اس نے سنجیدگی سے جواب دیا، "آپ کو کیا سکھاؤں گا، کیونکہ میں تو خود ضرورت کے مطابق جانتا ہوں۔"

"ایں آپ انگریزی جانتے ہیں، تو گویا آپ بھی تعلیم یافتہ ہیں۔" اس نے کہا۔

"شاید ایسا ہی ہو!" خرقہ پوش نے جواب دیا۔

"تو کہاں تک تعلیم ہے آپ کی؟" ہم لوگوں نے برائے تمسخر کہا۔

"صرف ایم اے تک" اس نے طنزاً کہا۔

"پشیمان ہونے کی کوئی ضرورت نہیں، ہنسو اور کھیلو، تمہاری چھیڑ چھاڑ سے میں بہت خوش ہوں کیونکہ ایک عرصہ کے بعد مجھے یہ دلچسپ موقع میسر آیا ہے۔ اس اتفاقیہ ملاقات سے میرا چلوؤں خون بڑھ گیا ہے۔ دوسرے میری ہیئت کذائی ہی ایسی تھی کہ خواہ مخواہ ہنسی آتی ہے مگر میں مجبور ہوں کیونکہ عرصہ دراز سے میں اس پہاڑی علاقہ میں رہتا ہوں اور یہ سورج کی چمکیلی کرنیں جو برف پر جگمگا کر دلکش سین پیش کرتی ہیں، آنکھوں کے لیے سخت مضر ہیں، اسی لیے میں نے دوہری عینکیں چڑھا رکھی تھیں اور

سولہ ہیٹ بھی اس سلسلے میں بہت مفید ہے۔ یہ چہرے کو برفانی عکس سے محفوظ رکھتا ہے۔ اس طرح جسم کے دوسرے حصے بھی ڈھانپنے پڑتے ہیں۔ اگر ایسا نہ کروں تو اس برفانی ہوا سے میرے مسام پھٹ جائیں اور مجھے بھی خارش کی بیماری لگ جائے۔ جو ان علاقوں میں عام ہے۔"

اس کی طرز گفتگو اتنی سادہ اور موثر تھی کہ ہم سب اس سے معافی مانگنے پر مجبور ہوگیے۔ وہ ایک نیک دل انسان تھا۔ بہت جلد ہم لوگوں سے مانوس ہو گیا۔ کھانے کے بعد ہم نے اس کو اپنے خیمہ میں لے جانا چاہا کہ ہمیں اپنی سیاحت کا کوئی دلچسپ واقعہ سنائے۔ اس نے وعدہ کیا کہ ہمیں ایک دلچسپ اور سچی کہانی سنائے گا۔ لیکن چونکہ وہ رات کو تلخہ پینے کا عادی تھا، اس لیے اس نے کہا آپ لوگ خیمے میں جائیں، میں ابھی تلخہ پی کر آتا ہوں۔" ہم خیمہ میں واپس آئے اور اسی خرقہ پوش کا ذکر کرتے ہوئے اس کے انتظار میں بستروں میں پڑگیے۔ مگر پیشتر اس کے کہ وہ ہمارے خیمہ میں آتا، ہم سب سوگیے۔

صبح سویرے جب ہم لوگ بیدار ہوئے تو خرقہ پوش یاد آیا۔ ہم نے اپنے ملازم کو اسے بلانے کے لیے دوکان پر بھیجا۔ تھوڑی دیر میں وہ اکیلا ہی واپس آگیا مگر اس کے ہاتھ میں کاغذوں کا ایک پلندا تھا۔ اس نے ہماری طرف بڑھاتے ہوئے کہا، "وہ خرقہ پوش خود تو چلا گیا ہے، البتہ کاغذات آپ کے لیے دوکاندار کے پاس چھوڑ گیا ہے۔" ہم سب اس پلندے پر ایک ساتھ ٹوٹ پڑے۔ بیرونی کاغذ لفافہ کی صورت میں پلندے پر لپٹا ہوا تھا جس پر لکھا تھا:

"میرے نوعمر اور نووارد دستو! رات میں نے وعدہ کیا تھا کہ تمہیں کوئی دلچسپ واقع سناؤں گا۔ لہٰذا جب میں تمہارے خیمہ میں آیا تو تم لوگ جوانی کی راحت آمیز نیند کا مزا لے رہے تھے۔ میں نے تمہیں جگانا مناسب نہ سمجھا لیکن یہ داستان جس کے سنانے کا میں

تہیہ کر کے آیا تھا۔ تم لوگوں کو سوتا ہوا دیکھ کر بار گراں کی طرح محسوس ہونے لگی۔ میرے پاس اتنا وقت نہ تھا کہ صبح تک ٹھہر سکتا، کیونکہ میں ان گھوڑے والوں کے ساتھ، جو منہ اندھیرے ہی ادھر سے گزرتے ہیں، جانے کا وعدہ کر چکا تھا۔ اگر ایسا نہ کرتا تو یہ دشوار گزار راستہ پیدل طے کرنا پڑتا، اس لیے اپنے دل کا بوجھ ہلکا کرنے کے لیے کہانی قلم بند کر رہا ہوں یہ میری آپ بیتی ہے!"

(۲)

میں ایک سیاح ہوں۔ صرف سیاح ہی نہیں بلکہ سیاح اکبر کہنا زیادہ موزوں ہو گا۔ یہ خبط مجھے بچپن سے تھا جو کسی وقت چین نہ لینے دیتا تھا۔ میں باپ کے ڈر سے، اپنے دل پر جبر کر کے تعلیم میں مصروف رہا۔ تعلیم کے ختم ہوتے ہی میرے والدین بھی جنت کو سدھار گیے۔ میں اکیلا رہ گیا۔ وہ مردہ جذبات وقت کے تقاضوں سے پھر بیدار ہوئے۔ سیلانی طبیعت نیا رنگ لائی لہٰذا آج سے بارہ سال پیشتر سیزن گزارنے کی خاطر پہلگام آیا۔ میرے ساتھ دو کلاس فیلو عنایت اور مرزا بھی تھے جو کہ میری طرح دلدادۂ سیاحت تھے، جن کی صحت گویا سمند شوق پر تازیانہ تھی۔ ہم دن رات پہاڑوں اور جنگلوں میں گھومنے لگے۔

آخر ایک دن ہم نے اپنے پہاڑی ملازم سے امرناتھ کی تعریف سنی۔ بس پھر کیا تھا فوراً کیل کانٹے سے لیس ہو کر چل پڑے۔ اتوار کا دن تھا، چمکدار دھوپ سیلاب نور کی طرح نشیب و فراز پر بہہ رہی تھی۔ تمام لدھر ویلی پر نور کا عالم تھا۔ دس بجے ہم پہلگام سے چلے اور ایک بجے تک چندن واڑی جا پہنچے۔ ہمارے ساتھ چھ قلی اور تین باربرداری کے ٹٹو تھے۔ تھوڑی دیر ہم نے چندن واڑی میں دم لیا اور کھانا جو ساتھ پکا کر لائے تھے، کھا کر آگے روانہ ہوئے۔ ہمارا خیال تھا کہ غروب آفتاب تک شیش ناگ پہنچ جائیں گے مگر ابھی

چند میل ہی کا سفر طے کیا تھا کہ سایہ بادلوں نے چاروں طرف سے غول بیابانی کی طرح پھیلنا شروع کیا تو قلی نے کہا، "جتنی جلد ہو سکے اس حد سے نکل جانا چاہیے۔ کیونکہ اس مقام پر بارش اکثر خطرناک اور شدید ہوتی ہے۔"

ہم نے اپنی رفتار تیز کر دی لیکن آدھ گھنٹہ کے اندر ہر طرف اس قدر دھند چھاگئی کہ ہاتھ پسارے دکھائی نہ دیتا تھا اور ساتھ ہی طوفان باد و باراں نے آلیا۔ ہوا کا زور دم بدم بڑھ رہا تھا۔ جس کی گونج سے کانوں کے پردے پھٹے جا رہے تھے۔ ندی کا مد و جزر ہوا کے غضبناک تھپیڑوں کے ساتھ ہر لحظہ بڑھ رہا تھا، گویا اس کی خوف ناک لہریں اچھل اچھل کر ہمیں نگلنا چاہتی ہوں۔ ہم چٹانوں اور جھاڑیوں کا سہارا لے کر چلنے لگے اور اسی حالت میں اس حد کو عبور کر لیا۔ اب راستہ کافی کھلا تھا اور ندی بھی دور ہوتی جا رہی تھی لیکن بد قسمتی سے ژالہ باری ہونے لگی۔ اولوں کی بوچھار سے اپنے پرائے کی تمیز نہ رہی۔ ہم نے بے تحاشا دوڑنا شروع کیا۔ گو ژالہ باری سے ہماری برساتیاں اور ٹوپیاں سینہ غربال بن گئی تھیں پھر بھی ہم نے ہمت نہ ہاری اور بڑھتے چلے گئے۔ کچھ دیر بعد ژالہ باری تو ختم ہوگئی مگر مینھ بدستور جاری رہا۔ آخر ایک لمبے اور دشوار سفر کے بعد ہمیں دور سے جھونپڑی دکھائی دی۔ ہم گرتے پڑتے وہاں تک جا پہنچے۔

یہ گھاس پھوس کی جھونپڑی بالکل غیر آباد تھی۔ شاید کسی سیاح نے یہاں کبھی قیام کیا تھا، جس کے کونے میں ایک شکستہ چولہا تھا اور قریب ہی سوکھے پتوں کا ایک ڈھیر لگا تھا اور ایک طرف پیال بچھی تھی۔ ہم نے آگ جلا کر کپڑے خشک کیے اور قلیوں کا بے صبری سے انتظار کرنے لگے حتی کہ شام ہوگئی اور وہ نہ آئے۔ اب اس ویران جھونپڑی میں رات گزارنے کے سوا کوئی اور چارہ نہ تھا۔ چنانچہ ہم تینوں بھوکے پیاسے دوستوں نے خشک پتے اور پیال وغیرہ جلا کر رات کاٹ دی، گو تمام رات ہمیں ریچھوں کی غراہٹ اور

دوسرے جنگلی جانوروں کی آوازیں آتی رہیں، مگر آگ روشن ہونے کی وجہ سے ہم ان کی دست برد سے محفوظ رہے۔

خدا خدا کر کے صبح ہوئی۔ مطلع بالکل صاف ہو چکا تھا اور قرص آفتاب سنگ پارس کی طرح بے رنگ دنیا کو جلاء دے رہا تھا۔ ہم اس تاریک جھونپڑی سے نکلے ہی تھے کہ ہمارے قلی بھی ہمیں تلاش کرتے ہوئے آپہنچے جنہوں نے ہمیں بتایا کہ ہم لوگ راستہ بھٹک کر اس جگہ آ گیے تھے۔ وہ تمام رات ہمیں تلاش کرتے رہے اور یہ جگہ چندن واڑی اور شیش ناگ سے بہت دور دوسری طرف واقع ہے۔ اس خبر سے ہم بہت افسردہ ہوئے۔ لیکن اس وقت ہمیں سخت بھوک لگ رہی تھی، ہم نے قلیوں سے پوچھا، "کیا اس جنگل کے قرب وجوار میں کوئی گاؤں ہے۔" انہوں نے کہا، "ہاں، یہاں قریب ہی ایک خوبصورت وادی ہے جس میں تھوڑے تھوڑے فاصلہ پر تین گاؤں آباد ہیں جن میں کرور اور ہاری تو دونوں گاؤں چھوٹے چھوٹے ہیں مگر نگ پوہ بڑا گاؤں ہے۔" ہم بھوک سے بے تاب ہو رہے تھے۔ یہ مشورہ کیا ادھر چلیں اور شکم پری کریں۔ غرض یہ کہ ہم سیدھے راستے پر آگے کی طرف روانہ ہوئے۔

فجر کا پہلا نورانی سماں تھا اور خوشنما راستہ پہاڑی کے دامن میں بل کھاتی ہوئی دندانہ دار سڑک، کھڈ میں بہتی ہوئی منہ زور برفانی ندی، دیو زاد چٹانیں، منیو سواد وادیوں کی فردوسی شان اور قدرت کے حقیقی جلوے تروتازگی بخش رہے تھے۔ قریباً ایک میل کے فاصلہ پر جا کر بلند پہاڑ کے نیچے ایک خوبصورت اور شاداب وادی دکھائی دی۔ ہم ایک برساتی نالے کے ڈھلوان راستے کے ذریعے وادی میں اتر گیے۔

یہ وادی سچ مچ سراپا حسن تھی جس کی خاموش سرزمین سے حسن کی کرنیں پھوٹی پڑتی تھیں۔ ارد گرد کے پہاڑوں کی برف پوش چوٹیاں سورج کی شفاف اور بھڑکیلی کرنوں

کی بدولت نہایت آب و تاب سے جلوہ ریز تھیں۔ سبزے کا نکھرا ہوا رنگ آنکھوں میں کھب رہا تھا، دھان کے مختلف رنگوں کے کھیت نور آگیں بہار دکھا رہے تھے۔ زرشک کی بیلیں پھولی ہوئی تھیں جن کی کھٹ مٹھی خوشبو سے تمام وادی مہک رہی تھی۔ ان قدرتی رنگینیوں سے ہماری روح تک مسکرانے لگی۔ تھوڑی دور ایک چھوٹی سی بلوریں ندی چمکیلے سنگریزوں سے کھیلتی اور ان کی سنگ دلی پر اشک حسرت بہاتی ہوئی آہستہ آہستہ بہہ رہی تھی، جس کے پار درختوں کا ایک زبردست جھنڈ تھا جہاں سے گانے کی ہلکی ہلکی آواز آرہی تھی۔ آگے بڑھ کر معلوم ہوا کہ درختوں کے درمیان ایک قبرستان ہے جس میں گھنی گھاس کھڑی تھی۔ اس کے آخری سرے پر ایک طویل و عریض احاطہ تھا۔ قبرستان اور احاطہ کو جدا کرنے کی غرض سے زرشک کی بیلوں کی اونچی باڑ باندھی گئی تھی۔ جس کے دوسری طرف پتھر کی عمارت تھی جہاں کوئی دھیمے سروں میں گا رہا تھا۔

ہم لوگ باڑ پھاند کر عمارت کی طرف گیے۔ عمارت کے دروازے بند تھے۔ اس عمارت کے سامنے ایک وسیع چمن تھا جس کے آخری سرے پر دور سے ایک خوبصورت، کشمیری طرز کا دومنزلہ جھونپڑا دکھائی دیا۔ جوں جوں ہم آگے بڑھے، گانے کی آواز صاف اور بلند ہوتی گئی۔ گانے والے کی آواز میں اتنا رس تھا اور لے اتنی دلنشیں تھی کہ ہم لوگوں سے ضبط نہ ہوسکا۔ ہم بے تابی سے چمنستان میں گھس کر گانے والے کو تحیر زا نگاہوں سے دیکھنے لگے۔ یہاں ایک چھوٹے سے جھرنے کے قریب اور خوش رنگ پھولوں کی کیاریوں کے درمیان ایک چھوٹا سا تعزیہ نما چھپر تھا جس کے نیچے ایک پری زاد لڑکی کی بیٹھی اردو زبان میں ایک فراقیہ گیت گارہی تھی۔

یہ گانے والی حسینہ نہایت نازک اندام تھی۔ اس کے شب رنگ اور دراز بال تن نازک کے گرد حصار کیے ہوئے تھے۔ چونکہ وہ ہماری طرف پشت کیے بیٹھی تھی اس لیے

اسے ہماری موجودگی کا علم نہ ہوسکا۔ ہم اس نغمہ کے نشے میں سرشار دیر تک چپ چاپ کھڑے رہے لیکن جونہی گانا ختم ہوا ہم اس کے قریب چلے گئے۔ ہمارے پاؤں کی چاپ سن کر اس نے رباب پرے رکھ دیا اور چہرے سے بکھرے ہوئے بالوں کی لٹیں ہٹائیں۔ آہ کیا بتاؤں وہ کس قدر حسین تھی۔ حسن کی تجلیوں سے ہماری آنکھیں پھٹی کی پھٹی رہ گئیں۔ اس کی نورانی جھلک سے گمان ہوا جیسے چاند یکایک کالی بدلیوں سے نکلا ہوا، اس کی سرخ وسفید رنگت بالکل اس طرح تھی جیسے میدہ اور شہاب سمویا ہوا ہو۔ اس کے خوشخط ہلالی ابروؤں کے نیچے بڑی بڑی مست آنکھوں میں میخانوں کی بستیاں آباد تھیں۔ اس کے گیسوؤں سے مصور کی دعا لپٹی ہوئی تھی۔ اس کا گول اور درخشاں چہرا آفتاب کو شرمارہا تھا اور گداز بازوؤں میں بت کدے کی راگنی سوئی ہوئی تھی، غرض یہ کہ ہر لحاظ سے وہ تخلیق کی پہلی سحر معلوم ہوتی تھی۔

وہ سرخ پشمنے کا ایک لمبا پیرہن پہنے تھی اور سر پر سرخ رنگ کا ہلکا پھلکا رومال اوڑھ رکھا تھا جس کے نیچے سے شبرنگ بال کمر تک لٹکتے ہوئے نہایت بھلے معلوم ہوتے تھے۔ اس کی کمر میں بندھا ہوا سیاہ ریشمی پٹکا اس طرح تھا جیسے صندل کے درخت کے ارد گرد مار سیاہ۔ ایسا بے مثال حسن دیکھ کر ہمارے دل پہلوؤں میں دھڑکنے لگے۔ وہ اس زمردیں خطہ کی لال پری تھی یا سرخ بیر بہوٹی۔

ہم نے مختصر لفظوں میں اسے اپنے خیالات سے آگاہ کیا۔ پہلے تو وہ چند منٹ تک ہمیں تعجب سے دیکھتی رہی، پھر معصومانہ انداز سے مسکرائی۔ ہمیں محسوس ہوا کہ شاید شب یلدا میں بجلی آسمان کا سینہ چیر کر کوندرہی ہے۔ اس کی مسکراہٹ سے ہم سب کے مضمحل چہرے کھل گیے۔ وہ ہمیں دومنزلہ جھونپڑے کے اندر لے گئی۔ ایک بڑے کمرے میں پھول دار نمدے اور خوبصورت گدے بچھے ہوئے تھے اور کھونٹیوں کے

ساتھ جابجا پھولدار آبی نباتات کے لمبے لمبے ہار لٹک رہے تھے جو مینڈھیوں کی طرز پر گوندھے گیے تھے۔ غرض یہ کہ کمرے کی ہر ایک چیز صاف ستھری اور قرینے سے رکھی ہوئی تھی۔

وہ ہمارے لیے کھانا لینے گئی اور ہم اس کی بابت آپس میں باتیں کرنے لگے۔ میں نے کہا، "شاید وہ یہاں اکیلی رہتی ہے۔ کیونکہ سوائے اس کے کوئی دوسرا آدمی دکھائی نہیں دیتا۔" مرزا نے کہا "ایسا نہیں ہوسکتا، اس کا ساتھی کہیں باہر کھیت پر ہوگا۔" اتنے میں وہ کھانا لے آئی جو لکڑی کے خوبصورت کاسوں میں رکھا ہوا تھا۔ یہ کھانا بھی عجیب طرح کا تھا یعنی ابلے ہوئے سیب جن میں دہی ملاہوا تھا۔ دودھ کی روٹیاں، شہد، انڈے، پنیر، زرشک، کچے اخروٹ اور ایک خاص قسم کی گھاس جو پانی میں اگتی ہے اور مغز اخروٹ کے ساتھ کھائی جاتی ہے۔ یہ سب چیزیں بافراط تھیں۔ ایسے مفلس علاقہ میں ایسا کھانا یقیناً کسی جاگیردار کو بھی میسر نہ آسکتا تھا۔

ہم نے کہا، "آپ نے اردو زبان کس سے سیکھی؟" اس نے کہا "اپنے والدین سے۔ وہ پشاور کے رہنے والے تھے۔" ہم نے پوچھا، "آپ کا اسم شریف؟" اس نے کہا، "میرا نام شگوفہ ہے!" کیا پیارا نام تھا۔ وہ خود تو ابھی شگوفہ تھی ہی لیکن اپنے حسن نورستہ سے دوسروں کے دلوں کے شگوفے کھلا دینے کا اعجاز بھی رکھتی تھی۔ ہم لوگوں نے سلسلہ کلام جاری رکھتے ہوئے کہا، "اس غیر مہذب علاقہ میں آپ کیسے آئیں؟" اس نے کہا، "قسمت لے آئی!" ہم نے پوچھا، "آپ کا شریک زندگی غالبا کام پر گیا ہوگا۔" اس نے شرماکر جواب دیا، "نہیں میں توکنواری ہوں۔" ہم نے کہا، "لیکن آپ کے لواحقین؟" اس نے کہا، "میرا کوئی بھی نہیں ہے۔ میں بالکل اکیلی ہوں۔"

"اکیلی؟" ہم سب نے بے اعتباری سے کہا اور حیرت سے اس کی طرف دیکھنے لگے۔

"ہاں بالکل اکیلی۔" اس نے متانت سے کہا۔

"مگر یہ سازوسامان؟" ہم نے کہا۔

"سب گاؤں والے میرے لیے مہیا کرتے ہیں۔" اس نے فخر سے کہا۔ اس کے بعد ہم نے کئی ایک سوال کیے مگر اس نے کوئی تسلی بخش جواب نہ دیا بلکہ ٹالتی رہی۔

کھانے کے بعد ہم وہاں سے رخصت ہوئے اور راستہ بھر شگوفہ کے متعلق باتیں ہوتی رہیں۔ اس وادی کی رنگینیوں اور شگوفہ کی پرلطف ملاقات کا ہم پر اتنا گہرا اثر ہوا کہ ہم نے کچھ دن یہاں قیام کرنے کا تہیہ کرلیا۔ چنانچہ ہم نے واپس آکر اسی ویران جھونپڑی کے قریب ڈیرے ڈال دیے۔ اور روزانہ "شگوفہ" کے گھر جاکر اس کی پاکیزہ صحبتوں سے دل بہلانے لگے۔ مگر میرے دل پر ان ملاقاتوں کا خاص اثر ہو رہا تھا۔ تاہم مجھے کوئی ایسا موقع نہ ملا کہ کبھی تنہائی میں مل کر اس سے اپنے خیالات کا اظہار کرتا۔ شگوفہ بھی مجھ پر بہت مہربان تھی اور میرے دوستوں کی نسبت میری باتوں سے بہت خوش ہوتی تھی۔ لیکن دل کا حال خدا کو معلوم ہو گا۔ میں اس کے متعلق کیا کہہ سکتا تھا۔ البتہ خود دل و جان سے اس پر فدا ہونے لگا۔ چند دن بعد میرے دوستوں نے واپسی کا ارادہ کیا اور مجھے بھی ان کی انگشت نمائی کے ڈر سے مجبوراً ان کے ساتھ واپس آنا پڑا۔

(۳)

شگوفہ کے حسن و جمال کی کشش کوئی معمولی نہ تھی۔ اس کی بھرپور جوانی محشر خیز شباب، مستانہ چال، شیریں کلامی اور ان سب سے بڑھ کر معصومیت میرے دل میں گھر کر چکی تھی۔ میرا دل اس کی پرستش کرتا تھا تاہم دن رات اس کی یاد میں تڑپنے کے باوجود میں تین سال تک کشمیر نہ جاسکا۔ آخر چوتھے سال بدقسمتی پھر مجھے وہاں لے گئی۔ شگوفہ کے اشتیاق میں جو میرے دل کی ملکہ اور میری خوشیوں کا گہوارہ تھی، میں دوبارہ پہلگام

پہنچا، لیکن وہاں بمشکل ایک رات ٹھہرا اور دوسرے دن صبح شفق کے رنگین سایوں میں روانہ ہوکر چار بجے تک اپنی کھوئی ہوئی جنت میں پہنچ گیا، جس کی وسیع آغوش میں پاکیزگی اور معصومیت پرورش پاتی تھی، جس کے دراز دامنوں میں مستیاں اور رعنائیاں کھیلتی تھیں، جس کی چوڑی چھاتی پر بلوریں ندیاں مچلتی تھیں، جہاں دھان کے کھیتوں پر حسن ازلی لہلہاتا تھا، جہاں زمردیں درختوں کی نورانی سج دھج شادابیوں کا منہ چڑاتی اور جہاں کے سجیلے پھولوں کی نزاکت پر خود قدرت رشک کرتی تھی۔

میں والہانہ انداز سے مسکن محبوب میں داخل ہوا۔ چمنستان پھولوں سے پٹا پڑا تھا۔ وہ ایک کنج میں سورج مکھی کے پھولوں کے درمیان بیٹھی ایک خاص قسم کی نرم و نازک گھاس کے تنکوں سے اپنے لیے پاپوش تیار کر رہی تھی۔ اس وقت وہ آفتابی رنگ کے لباس میں تھی۔ اس کا گلابی چہرہ سورج کی خوشگرامی سے قندھاری انار کے خوشنما دانے کی طرح سرخ ہو رہا تھا اور سر کے بال کالی ناگن کی طرح ہوا میں لہرا رہے تھے۔ اس دلفریب نظارے سے متاثر ہوکر میں وہیں مبہوت کھڑا رہ گیا۔ کچھ دیر بعد اس نے اپنے کام سے اکتاتے ہوئے، انگڑائی لی تو اچانک اس کی نگاہ مجھ پر پڑی۔ میں دوڑ کر اس کے قریب گیا۔ مجھے پہچان کر اس کی آنکھیں خوشی سے چمکنے لگیں۔ اس نے بڑے تپاک سے میرا خیر مقدم کیا اور نہایت خلوص سے جھونپڑے میں لے گئی۔

سفر کی تکان سے میری طبیعت مضمحل ہو رہی تھی، اس لیے میں کھانا کھا کر سو گیا۔ شام کے قریب میری آنکھ کھلی تو باہر نکل کر دیکھا کہ کشمیری عورتوں کا ایک میلہ سا لگا تھا جن کے درمیان شگوفہ نہایت وقار سے اس طرح بیٹھی تھی جیسے ستاروں کے حلقہ میں چاند کے سامنے ایک بہت بڑے سماوار میں چاء ابل رہی تھی۔ میں اسے مصروف پا کر چمنستان کی طرف چل دیا۔ سورج اس وقت پہاڑوں کی عین برفانی چوٹیوں پر چمک رہا تھا

اور نورانی شعاعوں کے عکس سے برف پر جابجا قوس قزح کے رنگ جھلک رہے تھے۔ ان رنگین سایوں سے وادی کی شان دوبالا ہو رہی تھی۔ ادھر زرشک کی کھٹ مٹھی خوشبو دل کو لبھا رہی تھی۔

میں ان فطری تجلیات کی بہاریں لوٹتا ہوا نہایت سکون و اطمینان سے گلگشت چمن کرنے لگا۔ اسی حالت میں جب کہ میں چکر کاٹ کر زرشک کی بیلوں سے گزر رہا تھا تو سامنے مجھے خرقہ پوش کشمیری کھڑا دکھائی دیا جس نے کشمیری زبان میں آہستہ سے کہا، "یہاں سے بھاگ جا!"

اس نے کوئی جواب نہ دیا اور بھاگ گیا۔

ابھی میں اس شخص کی حرکت پر غور کر رہا تھا کہ پیچھے سے سیٹی کی آواز آئی میں نے پلٹ کر دیکھا تو پگڈنڈی پر کھڑا ہوا ایک بوڑھا کشمیری مجھے وہاں سے بھاگ جانے کا اشارہ کر رہا تھا۔ میں اس کی طرف بڑھنے لگا۔ مگر اس نے اشارے سے مجھے روک دیا، اور پھر جھونپڑے کی طرف اشارہ کر کے اس نے انگلی اپنے لبوں پر رکھ لی۔ جس کا مطلب ظاہر تھا کہ خاموش رہو، وہ سن لے گی۔ ان لوگوں کی ایسی حرکات نے مجھے تذبذب میں ڈال دیا۔ میں نہ سمجھ سکا کہ یہ لوگ مجھے کس خطرے سے آگاہ کرتے ہیں، اتنے میں سورج کی سنہری شعاعیں ایک ایک کر کے روپوش ہو گئیں، جنگلی درخت، خوش رنگ پھول، پہاڑی کھیت، خودرو بیل بوٹے، کشادہ وادی، غرض یہ کہ ہر ایک چیز سہم کر رات کے تاریک دامن میں سونے لگی۔ مگر میں عالم استعجاب میں وہیں کھڑا رہا۔

یکایک کسی نے میرے کندھے پر ہاتھ رکھا۔ میں نے چونک کر دیکھا تو اپنے قریب ایک بوڑھی عورت کو کھڑا پایا۔ جس نے مجھے کشمیری زبان میں کہا، "تم یہاں کیوں آئے ہو اور کہاں سے آئے ہو۔" میں نے جواب دیا، "میں پنجابی ہوں اور سیر و سیاحت کی

غرض سے آیا ہوں۔" اس نے کہا، "تو کیا تمہیں رات گزارنے کے لیے گاؤں میں کوئی جگہ نہ مل سکی تھی۔ جو یہاں اس بلا کے دام میں آ پھنسے۔" اتنا کہہ کر وہ آگے بڑھنے لگی مگر میں نے اس کا ہاتھ پکڑ لیا اور کہا، "سچ سچ بتاؤ کیا معاملہ ہے؟ ورنہ ابھی شگوفہ کو بلا کر سب کچھ بتاتا ہوں۔"

اس دھمکی سے بڑھیا کانپ گئی۔ اور قبرستان کی باڑ کے قریب سنگین عمارت کے پیچھے لے جا کر مجھ سے کہنے لگی، "تم نے دیکھا کہ وہ اس جنگل میں کس شان و شوکت سے رہتی ہے۔" میں نے کہا، "ہاں۔" بڑھیا کہنے لگی، "یہ بھی جانتے ہو کہ ہمارا علاقہ بہت مفلس ہے۔ ہم خود چیتھڑے پہنتے ہیں مگر اس کے لیے پشمینے کے زر دوز لباس بناتے ہیں، خود روکھا سوکھا کھاتے ہیں اور اس کے لیے روزانہ اچھی اچھی خوراکیں بہم پہنچاتے ہیں۔ خود "کانگڑیوں" کے سہارے بیٹھ کر رات گزارتے ہیں مگر اس کے گھر میں ہمارے بنائے ہوئے نمدے اور قالین موجود ہیں۔ آخر ایسا کیوں کرتے ہیں۔"

میں نے کہا، "میں کیا جانوں؟"

بڑھیا نے کہا، "اچھا سنو، شگوفہ ڈائن ہے۔ انسانی خون اس کے منہ لگ چکا ہے۔ ہم یہ سب چیزیں اپنے بچاؤ کی خاطر اسے بطور نذرانہ دیتے ہیں۔ کیونکہ اس سے پیشتر وہ گاؤں والوں پر ہاتھ صاف کیا کرتی تھی۔ مگر اب صرف بھولے بھٹکے مسافروں کو ہی شکار بناتی ہے یا قبروں سے مردے نکال کر کھاتی ہے۔ اس کا حسن و جمال صرف فریب نظر ہے۔"

اس انکشاف نے مجھے حواس باختہ کر دیا۔ آسمان پر سیاہی اور سفیدی دست و گریباں ہو رہی تھی۔ تمام وادی پر دھندلکے کا غلاف چڑھ رہا تھا۔۔ ہوائیں کالے چور کی طرح کائنات سے داؤ گھات کر رہی تھیں۔ سیاہ پوش فضا میں جھاڑوں کی جنبش سے روحوں کے چلنے پھرنے کا گمان ہو رہا تھا، اس پریشان کن ماحول میں بڑھیا کے اس بیان کا مجھ پر ایسا اثر

ہوا کہ میں واہمہ کا شکار ہو کر کانپنے لگا۔ سچ ہے۔ جان بہت عزیز ہوتی ہے چنانچہ میں نے بڑھیا سے التجا کی کہ آج رات مجھے اپنے گھر میں پناہ دے لیکن بڑھیا نے کانوں پر ہاتھ رکھے۔

میں نے کہا، "کیا گاؤں میں کوئی سرائے بھی ہے؟" اس نے کہا، "کوئی نہیں اور اگر ہوتی بھی تو تو تمہیں کوئی پتہ نہ دیتا۔" میں نے کہا، "کیوں؟" بڑھیا نے کہا، "گاؤں والے ایک مسافر کی خاطر شگوفہ کو دشمن کیسے بناتے۔"

عین اسی وقت پاؤں کی چاپ سنائی دی اور ساتھ ہی جھاڑیوں سے خفیف سی سرسراہٹ۔ بڑھیا تو فوراً دم دبا کر بھاگی، لیکن میں بدحواسی کے عالم میں وہیں کھڑا رہ گیا۔ کچھ دیر بعد جب مجھے معلوم ہوا کہ وہ محض وہم تھا تو میری جان میں جان آئی اور چہرے پر بناوٹی بشاشت پیدا کرتے ہوئے جھونپڑے کی طرف چلا گیا۔

جھونپڑے کو خالی پاکر مجھے سخت فکر ہوئی اور یقین ہو گیا کہ اس نے ضرور ہماری باتیں سنی ہوں گی۔ مگر اب کیا ہو سکتا تھا۔ میں چپ چاپ کمرے میں بیٹھ گیا۔ اسی اثناء میں وہ اندر داخل ہوئی۔ اور سست انداز سے کھانا لائی اور نہایت خاموشی سے میرے سامنے چن دیا۔ اس کے اس رویہ سے میں بہت پریشان ہوا اور اس سے گھل مل کر باتیں کرنے لگا۔ اس نے کچھ توجہ نہ کی اور ٹالنے کی غرض سے اٹھ کر میرا بستر تیار کرنے میں مصروف ہو گئی۔ اب تو میں بہت گھبرایا اور کھانے سے ہاتھ کھینچ لیا، جسے وہ تاڑ گئی اور اپنے مغموم چہرے پر عارضی مسکراہٹ پیدا کرتے ہوئے دھیمی آواز میں بولی، "آپ نے کھانا کیوں چھوڑ دیا۔" میں نے اداسی سے کہا، "آپ کی بے رخی دیکھ کر۔" میرے اس جواب پر اس نے سر جھکا لیا اور اس کی شرابی آنکھوں سے اس طرح آنسو برسنے لگے جیسے ساون بھادوں کی جھڑی۔

خدا جانے اتنے بڑے بڑے شفاف اور نورانی آنسو اس نے کہاں جمع کر رکھے تھے کہ میں حیران رہ گیا۔ مگر فوراً ان مست آنکھوں سے نکلنے والے آنسوؤں نے ایسا اعجاز دکھایا کہ میرے تمام شکوک ان کی دلفریب رو میں بہہ گئے۔ میں اپنی غلطی پر سخت نادم ہوا۔ اور اس کا بھولا بھالا چہرہ دیکھ کر میرا دل موم ہو گیا۔

"شگوفہ میں تم سے محبت کرتا ہوں۔" میں نے ٹوٹے پھوٹے جملوں میں کہا۔ وہ خاموش رہی۔ میں نے دوبارہ یہی الفاظ دہرائے۔

"لیکن تمہاری محبت" اس نے رکتے ہوئے کہا اور پھر خاموش ہو گئی۔

"لیکن کا کیا مطلب، شگوفہ کیا تمہیں میری محبت ناپسند ہے؟" میں نے کہا

اس نے کچھ جواب نہ دیا اور کسی گہری سوچ میں ڈوب گئی۔ اس کے خاموشی سے میری بے قراری دم بدم بڑھنے لگی۔ مگر وہ کسی ایسے خیال میں محو تھی جیسے اس کا اس دنیا سے کوئی تعلق نہیں۔

"جلدی بولو شگوفہ اب میں صبر نہیں کر سکتا۔" میں نے منت کرتے ہوئے کہا۔

"لیکن تمہاری محبت ناجائز ہے۔" اس نے جواب دیا۔

"نہیں نہیں شگوفہ، میں کسی ناجائز محبت کا خواہش مند نہیں۔" میں نے کہا، " میں تمہیں شریک زندگی بنانا چاہتا ہوں۔"

"ہاں میں نے سمجھا، مگر میرے اور تمہارے درمیان ایک بیکراں خلیج حائل ہے۔" اس نے کہا۔

"خلیج کیسی" میں نے پوچھا۔

شگوفہ نے جواب دیا، "مذہب۔"

"تو کیا تم مسلمان نہیں ہو؟" میں نے تعجب سے کہا۔

"لیکن مسلمانوں میں تو کئی فرقے ہوتے ہیں۔" شگوفہ نے جواب دیا۔

"نہیں مسلمان سب ایک رشتہ میں منسلک ہیں۔ فرقہ واری ہمیں ایک دوسرے سے جدا نہیں کر سکتی۔" میں نے فیصلہ کن لہجہ میں کہا۔

"مگر میں اپنے فرقہ کے قوانین کسی صورت میں بھی نہیں توڑ سکتی۔" شگوفہ نے متانت سے جواب دیا۔

"اچھا تو مجھے بھی اپنے فرقہ میں شامل کرو۔ کیا تم ایسا بھی نہیں کر سکتیں۔" میں نے منت سے کہا۔

وہ ایک لمبے سکوت کے بعد بولی، "ہاں، ایسا ہو سکتا ہے بشرطیکہ پہلے میرے فرقہ میں شامل ہونے کی رسوم ادا کرو۔"

چنانچہ میں نے منظور کر لیا۔

(۴)

آدھی رات کا وقت تھا۔ چاند کی سیمیں کرنیں زیتون کے چراغ کی لو سے آنکھ مچولی کھیل رہی تھیں۔ بال چھل کی نشیلی خوشبو سے مستی برس رہی تھی۔ میں کمرے میں اکیلا بیٹھا اپنی قسمت کے آخری فیصلہ کا انتظار کر رہا تھا۔ اتنے میں شگوفہ اندر آئی۔ اس نے سیاہ کمخواب کا لباس پہن رکھا تھا اور سیاہ ہی موتیوں کے زیورات نورانی جسم کے زینت بن رہے تھے۔ یہ سوگوار علامت دیکھ کر میں نے آزردگی سے کہا، "شگوفہ شب عروسی کے لیے کالا لباس بہت منحوس ہے۔"

شگوفہ نے جواب نہ دیا اور نہایت خاموشی سے میرے قریب بیٹھ کر حسرت ناک نگاہوں سے دیکھتے ہوئے کہنے لگی، "اچھا تمہیں میری شرط منظور ہے۔ بعد میں پچھتاؤ گے تو نہیں؟" میں نے کہا، "ہرگز نہیں۔ قول مرداں جان دارد۔" اس منظوری کے بعد اس

نے میری آنکھوں پر پٹی باندھ کر ایک ریشمی چادر میرے ہاتھ میں دے دی اور ایک منتر بتا کر مجھے ہدایت کی کہ میں شگوفہ کی صورت کا تصور کر کے یہ منتر پڑھوں اور منتر پڑھتے وقت یہ چادر اپنے دونوں ہاتھوں پر پھیلائے رکھوں۔ چند بار عمل کرنے سے ایک پرندہ آکر میرے ہاتھوں پر گرے گا۔ جسے میں اس چادر میں لپیٹ کر بغل میں داب لوں۔ چنانچہ میں نے ایسا ہی کیا۔ جس کے عمل سے چند سیکنڈ ہی میں ایک پرندہ پھڑ پھڑاتا ہوا میرے ہاتھوں میں آگیا اور میں نے فوراً اسے چادر میں لپیٹ کر بغل میں داب لیا۔

بعد ازاں اس نے میری آنکھوں سے پٹی کھولی اور میرے قریب بیٹھ کر کہنے لگی، "اچھا میری داستان حیات سنو تا کہ میری سچائی کے اظہار کے ساتھ ہی میری داستان ختم ہو جائے۔" پرندہ بیچارہ میری بغل سے آزادی حاصل کرنے کی جدوجہد میں مصروف تھا۔ اس لیے میں نے اس کی بات کاٹتے ہوئے کہا، "پہلے اس بے زبان کی قسمت کا فیصلہ تو کر و جو میری بغل میں تڑپ رہا ہے۔ داستان حیات سنانے کو تو تمام عمر پڑی ہے۔" اس نے بے پروائی سے جواب دیا، "اس کا کچھ خیال نہ کرو۔ اسے تڑپنے دو۔ کیونکہ میرے مذہب کا یہی فرمان ہے۔" میں بے دلی سے خاموش ہو گیا۔

شگوفہ نے کہا، "آہ! میں بہت ہی بد قسمت ہوں۔ ابھی میں نے دہر ناپائدار میں قدم ہی رکھا تھا کہ میری ماں مر گئی۔ جب میں نے کچھ ہوش سنبھالا تو سوتیلی ماں کی جھڑکیوں اور ملامتوں کے سوا کبھی میرے کانوں نے نرم الفاظ نہ سنے۔ میں جب چھ برس کی ہوئی تو باپ کا سایہ بھی سر سے اٹھ گیا۔ گو باپ نے کبھی مجھ سے محبت نہ کی تھی تاہم ایک ٹھکانہ تو تھا سو وہ بھی جاتا رہا۔ مگر خدا مسبب الاسباب ہے۔ اس نے میرا ٹھکانا اس طرح بنایا کہ ہمارے محلہ کی ایک نیک دل اور امیر عورت نے میری پرورش کا ذمہ لے لیا۔ اس نیک دل خاتون کا ایک ہی لڑکا تھا جس کو گھر سے نکلے ہوئے دس سال کا طویل عرصہ گزر چکا

تھا۔

خدا کی قدرت مجھے ابھی ان کے گھر آئے تھوڑا عرصہ ہی گزرا تھا کہ بھائی عثمان یعنی اس نیک دل خاتون کا اکلوتا بیٹا واپس آ گیا۔ ماں مجھے پہلے ہی بہت پیار کرتی تھی مگر اب مجھے اپنے لیے مبارک خیال کرتے ہوئے زیادہ قدر کرنے لگی۔ حتیٰ کہ ان کی نازبرداریوں نے مجھے بہت شوخ اور شریر بنا دیا۔ لیکن جہاں گل ہوتا ہے وہاں خار بھی ساتھ ہی ہوتا ہے یعنی بھائی عثمان کو میری شوخیاں ایک آنکھ نہ بھاتی تھیں۔ وہ اکثر مجھے ایسی قہر آلود نگاہوں سے دیکھتے کہ میرا خون خشک ہو کر رہ جاتا ہے۔

بھائی عثمان زرد رو اور لاغر اندام تھے۔ ان کے متین چہرے سے عزم و استقلال ٹپکتا تھا۔ اور پیشانی کی شکنیں دانائی اور بزرگی کی شاہد تھیں۔ ان کی عمر تیس سال کے قریب تھی۔ طبیعت میں حکومت کا مادہ تھا۔ وہ اپنی ہر جائز و ناجائز بات منوانے کے عادی تھے۔ بھائی عثمان نے ماں کو بتایا کہ وہ کشمیر کے علاقہ میں ایک دور دراز وادی میں دس سال تک مقیم رہے، اور آئندہ بھی اپنی زندگی وہیں گزارنے کا ارادہ رکھتے ہیں۔ ماں نے ہر چند منع کیا مگر وہ نہ مانے، بلکہ ماں کو بھی اپنے ساتھ چلنے کے لیے اصرار کرنا شروع کیا، آخر کار ماں کو انہوں نے رضامند یا مجبور کر لیا۔ اس طرح ہمارا آٹھ افراد کا قافلہ اس وادی میں پہنچا، یعنی ایک عثمان بھائی خود، دوسری میں، تیسری ماں، چوتھا چچا، دو بوڑھی خادمائیں اور دو غلام۔ کچھ دن تک تو ہم لوگ بہت اداس رہے۔ لیکن قدرت نے اس وادی کو حسن و دلکشی کا وافر حصہ دے رکھا تھا۔ اس لیے ہم چند ہی دن میں اس قدرتی زندگی کے عادی ہو گیے۔

بھائی عثمان فطرتاً خشک طبیعت اور خلوت پسند واقع ہوئے تھے۔ اس احاطہ کے دوسرے سرے پر جو عمارت کھڑی ہے، یہ ان کی لائبریری تھی۔ وہ دن میں ایک مرتبہ

ماں سے ملنے آتے، باقی تمام وقت اسی لائبریری میں گزارتے اور رات کو بہت دیر سے گھر آتے۔ مجھے اس تجربہ گاہ کی طرف جانے کا حکم نہ تھا۔ بلکہ گھر میں بھی جب کبھی میرا ان کا سامنا ہو جاتا تو خواہ مخواہ ایسی ڈانٹ بتاتے جس سے میں سہم جاتی اور ہمیشہ ان کی نظروں سے دور رہنے کی کوشش کرتی۔

دن گزرتے گیے۔ میری ماں نے مجھے اردو فارسی کی کتابیں پڑھائیں اور تھوڑا بہت لکھنا بھی سکھایا۔ لیکن بدقسمتی نے ساتھ نہ چھوڑا، جب بارہ سال کی ہوئی تو ماں نے انتقال کیا۔ تھوڑے عرصہ بعد چچا بھی مر گیا اور پھر دونوں ملازم اور ایک خادمہ بھی یکے بعد دیگرے ہمیشہ کے لیے داغ مفارقت دے گیے۔ اب بھائی عثمان کے علاوہ صرف میں اور بوڑھی خادمہ گھر میں باقی رہ گیے۔ بھائی عثمان بدستور اپنی لائبریری میں رہتے تھے۔ گو اب انہوں نے اپنی سخت گیری سے ہاتھ اٹھا لیا تھا مگر مجھے منہ بھی نہ لگاتے تھے۔ میں مجبوراً تنہائی کی زندگی بسر کرتی رہی۔ آخر جوں جوں میری عمر بڑھتی گئی، مجھے احساس ہونے لگا کہ میں اس گھر میں غیر ہوں اور اسی وجہ سے بھائی عثمان مجھ سے کھنچے کھنچے سے رہتے ہیں۔ حالانکہ میری ذات سے کبھی انہیں تکلیف نہیں پہنچی۔

عمر کے ساتھ حوصلہ بھی پیدا ہو جاتا ہے۔ چنانچہ میں نے تہیہ کر لیا کہ آج ضرور بھائی عثمان سے اس شدید اور نامعلوم نفرت کی وجہ دریافت کروں گی۔ اگر میرا وجود ہی ان کے کسی دکھ کا باعث ہو تو میں اس گھر سے رخصت ہو جاؤں گی۔ اسی خیال سے میں رات کو دیر تک ان کا انتظار کرتی رہی۔ انہوں نے اس دن کھانا بھی نہ کھایا۔ بوڑھی خادمہ بیچاری ان کا کھانا آتش دان کے قریب رکھے دیوار کے سہارے خراٹے بھرتی رہی۔ ادھر میں ان کے انتظار میں بستر پر کروٹیں لے رہی تھی۔ حتی کہ یہ انتظار کی گھڑیاں میرے لیے ناقابل برداشت ہو گئیں، ناچار میں لائبریری کی طرف چلی گئی۔ مگر دروازہ پر پہنچ کر

کچھ جھجکی۔ بھائی عثمان کی خفگی کے خیال سے کانپ گئی۔ تاہم میں نے فوراً ہی اپنے دل کو مضبوط کیا کہ بھائی عثمان بھی تو آخر انسان ہی ہیں، کوئی ہوا تو نہیں۔ میں نے دستک دینے کے ارادے سے دروازے کی طرف ہاتھ بڑھایا تو دروازے کا پٹ ہاتھ لگتے ہی چو سے کھل گیا۔ میں بوکھلا کر پیچھے ہٹی۔ میرا خیال تھا کہ ابھی عثمان بھائی اپنی بھاری بھرکم آواز میں للکار کر کہیں گے، کون ہے۔ لیکن جب خلاف امید کوئی آواز نہ آئی تو میں نے جھانک کر اندر دیکھا۔

کمرہ خالی تھا۔ میں چپکے سے اندر داخل ہوئی۔ طاقچہ پر موم بتی جل رہی تھی۔ میز پر کتابیں بے ترتیبی سے بکھری ہوئی تھیں۔ قریب ہی بھائی عثمان کی ٹوپی پڑی تھی اور کوٹ ایک طرف کھونٹی پر لٹک رہا تھا۔ کمرے میں کسی دوا کی ہلکی ہلکی بو پھیل رہی تھی۔ میں حیران تھی کہ بھائی عثمان ایسے بے سروسامانی سے کہاں جاسکتے ہیں۔ یک دم میری نظر دیوار سے لگے ہوئے ایک بڑے قطعہ پر پڑی جو مجھے کچھ عجیب سا معلوم ہوا۔ میں نے غور سے دیکھا تو اس پر لکھی ہوئی سطروں میں حروف کے بجائے اعضاء کی صورتیں دی گئیں تھیں۔ مثلاً کان، ناک، آنکھیں، زبان، دانت، دل، معدہ، تلی، کلیجہ، پھیپھڑے، گردے وغیرہ۔ ہر ایک عضو کی تصویر دے کر عبارت کے طریقہ پر سطریں لکھی گئی تھیں۔ نہ جانے یہ کون سی زبان تھی۔ میں دیر تک اسے سمجھنے کی کوشش کرتی رہی۔ مگر کامیاب نہ ہوئی۔

قریب ہی ایک الماری تھی جس کا ایک پٹ کھلا ہوا تھا۔ اتفاقاً میری نظر اس کے اندرونی حصہ تک پہنچی۔ یہ الماری دراصل ایک چھوٹا سا صندوق نما کمرہ تھا جس کے اندر ایک زینہ تھا۔ جو نیچے گہرائی میں جارہا تھا۔ معاً مجھے خیال آیا کہ ہو نہ ہو ضرور بھائی عثمان نے اپنی تفریح کی کوئی جگہ بنارکھی ہے، لہٰذا یہ اسرار کھولنے کے لیے میں دبے پاؤں نیچے

اترنے لگی تو بہت سی سیڑھیاں اترنے کے بعد کچھ روشنی دکھائی دی۔

تحت الثریٰ میں ایک چھوٹا سا تہ خانہ تھا جس میں عجیب قسم کی روشنی ہو رہی تھی۔ سیڑھیوں کے قریب ہی لکڑی کا ایک بڑا سا شیلف پڑا تھا جس میں پتھر کے بڑے بڑے مرتبان اور ٹین کے بڑے بڑے ڈبے رکھے ہوئے تھے میں رینگتی ہوئی اس شیلف کے پیچھے چھپ گئی اور شیلف کے کونے سے جھانک کر اندر کا نظارہ کرنے لگی۔ تہ خانہ کے کونے میں آگ جل رہی تھی۔ اس آگ کا رنگ بالکل سبز تھا اور یہ تہ خانہ دھوئیں سے بھرا ہوا تھا مگر اس دھوئیں سے دم گھٹنے کی بجائے ایک طرح کی فرحت حاصل ہوتی تھی۔ تہہ خانے کا اندرونی حصہ اس دھوئیں کی کثیف چادر میں لپٹا ہوا بالکل ایک سبز غبارے کی طرح دکھائی دیتا تھا۔ اس غبارے میں سامنے لکڑی کا ایک بڑا سا میز رکھا تھا جس پر پھولوں کی سیج بچھی ہوئی تھی اور اس سیج پر کوئی سفید چادر اوڑھے سو رہا تھا۔ سونے والے کی پائنتی کی طرف دو تین شیشے کے پیالے پڑے تھے جن میں کوئی سیاہ سی چیز پڑی ہوئی ہل رہی تھی، کونے کے قریب ہی آگ سے تھوڑی دور دیوار کے ساتھ ویسا ہی ایک قطعہ لٹک رہا تھا جیسا کہ میں اوپر ابھی دیکھ چکی تھی۔ اس قطعہ کے سامنے بھائی عثمان بت بنے کھڑے تھے۔ ان کی پشت میری طرف تھی۔

یک لخت وہ میز کی طرف پلٹے تو ان کے ہاتھ میں پھیپھڑوں سمیت ایک کلیجہ دکھائی دیا جو انہوں نے سانس والی نالی کے اوپر والے سرے سے پکڑ رکھا تھا۔ اسے دیکھ کر میرا دل دھک دھک کرنے لگا۔ میں بھاگ جانا چاہتی تھی مگر طاقت نے جواب دے دیا اور لرزاں براندام شیلف کے سہارے بیٹھی ہوئی سب کچھ دیکھتی رہی۔ بھائی عثمان کے ہاتھ میں پکڑا ہوا کلیجہ پوری طرح تڑپ رہا تھا جسے انہوں نے شیشے کے خالی پیالے میں ڈال دیا۔ اس کلیجہ کی حرکت اس قدر بڑھ چکی تھی کہ وہ اچھل اچھل کر پیالے سے باہر نکلنا چاہتا تھا۔

بھائی عثمان نے اب جیب سے گھڑی نکالی اور دیر تک اس کی حرکت کا گھڑی کی رفتار سے مقابلہ کرتے رہے۔

اس کے بعد وہ آہستہ آہستہ سونے والے کے سرہانے پہنچے اور اس کے منہ سے کپڑا ہٹا کر اس پر جھک گیے، اور بہت دیر تک اسے دیکھتے رہے۔ وہ کبھی آہستگی سے اس کے جسم پر ہاتھ پھیرتے، کبھی ہلکی ہلکی جنبش دے کر اسے جگانے کی کوشش کرتے مگر سونے والے نے کوئی حرکت نہ کی۔ آخر اس کی بیداری سے مایوس ہو کر بھائی عثمان نے اس پر سے چادر اتار دی۔ اب مجھے معلوم ہوا کہ ایسی گہری نیند سونے والی ایک نیم برہنہ عورت تھی۔ گو اس کا چہرہ بھائی عثمان کے سائے کی اوٹ میں ہونے سے مجھے دکھائی نہ دیا مگر اس کے جسم کا باقی حصہ، جو سوکھ کر ہڈیوں کا ڈھانچہ بن چکا تھا، صاف ظاہر ہوتا تھا کہ کوئی مریضہ ہے۔

بھائی عثمان نے اس مریضہ کو گود میں اٹھالیا اور جلتی آگ کے پاس کھڑے ہو کر اس کے جسم کو آگ کی گرمی پہنچانے لگے۔ دفعتاً مجھے اس مریضہ کے چہرے کی تھوڑی سی جھلک دکھائی دی۔ جس سے مجھ پر دہشت طاری ہو گئی۔ آہ وہ ایک لاش تھی۔ جس کی ٹانگیں ایک طرف لٹک رہی تھیں۔ سر اور بازو دوسری طرف، اس کی لاش کے لمبے لمبے بکھرے ہوئے بال بھائی عثمان کے پاؤں کو چھو رہے تھے۔ خوف و ہراس سے مجھ پر ایک تشنجی دورہ پڑا اور تہہ خانہ ایک سبز غبارے کی طرح ہوا میں اڑتا ہوا معلوم ہوا۔ ایک ہولناک چیخ میرے منہ سے نکلی اور بیہوش ہو گئی۔

شگوفہ یہاں تک پہنچ کر یک دم رک گئی۔ وہ کچھ تھکی ہوئی معلوم ہوتی تھی۔ اور ادھر پرندہ میری بغل میں دم توڑ رہا تھا۔ میں نے مضطرب ہو کر کہا، "خدا کے لیے جلد کہانی ختم کرو۔ تمہاری اس طویل کہانی سے اس جانور کا خواہ مخواہ خون ہو جائے گا۔" شگوفہ

نے بری طرح ہانپ کر کہا، "پھر اسی پرندے کا ذکر۔"

"ایک دفعہ میں کہہ چکی ہوں کہ یہ مارنے کی خاطر تمہاری بغل میں دیا گیا ہے۔"

مجھے اس کی سنگ دلی پر افسوس ہوا۔ تھوڑے وقفے کے بعد اس نے کہنا شروع کیا، "اس پرہول واقعہ کے بعد جب میں ہوش میں آئی تو خود کو اپنے بستر پر پڑا ہوا پایا۔ میں نے خیال کیا کہ یہ سب کچھ میں نے خواب میں دیکھا ہے۔ چونکہ سردی سے میرے بدن میں کپکپی ہو رہی تھی لہٰذا میں نے بوڑھی خادمہ کو آواز دی تاکہ آتش دان میں آگ سلگائے مگر میری متعدد آوازوں پر بھی جب بڑھیا نے کوئی جواب نہ دیا تو میں گھبراہٹ میں اٹھ کر اس دروازے تک گئی جو میری اور بڑھیا کی خواب گاہ کے درمیان تھا۔

بڑھیا کو کمرے میں نہ پا کر میں بدحواسی سے باہر برآمدے میں نکل آئی۔ خدا کی پناہ تحت الثریٰ کی تاریک رات میں مہیب سرخ روشنی کے شعلے بڑھتے پھیلتے دکھائی دیے۔ فضا دھوئیں سے بھرپور تھی۔ میں کانپتی ہوئی آگے بڑھی تو معلوم ہوا کہ بھائی عثمان کی لائبریری دھڑا دھڑ جل رہی ہے۔ جسے دیکھ کر اس تہہ خانے کا سارا سین میری آنکھوں کے سامنے پھر گیا اور مجھے یقین کرنا پڑا کہ جو کچھ میں نے دیکھا وہ خواب نہ تھا۔ مگر یہ آگ کیسے لگی کیا بھائی عثمان نے خود لگائی؟ لیکن کیوں؟ کہیں انہوں نے خودکشی نہ کرلی ہو۔ یہ خیال آتے ہی میرا دل زور زور سے دھڑکنے لگا اور میں نے بے تحاشا چیخیں مارنی شروع کیں۔ میری اس چیخ و پکار پر بوڑھی خادمہ بھائی عثمان کے کمرے سے نکلی۔ میں دوڑ کر اس سے لپٹ گئی اور روتے ہوئے پوچھا کہ بھائی عثمان کہاں ہیں؟

اس نے کہا، "اپنے کمرے میں۔" میں نے کہا، "تو کیا ان کو آتش زدگی کی خبر نہیں؟" بڑھیا نے جواب دیا، "کیوں نہیں۔" میں نے کہا، "تو وہ پھر اسے بجھانے کی کوشش کیوں نہیں کرتے۔" بڑھیا نے کہا، "ناممکن بات کی کوشش سے کیا فائدہ؟" میں

نے پھر کہا، "مگر کم از کم وہ باہر آ کر اسے دیکھ ہی لیتے۔" بڑھیا نے روکھے پن سے کہا، "یہ ان کی مرضی پر منحصر ہے۔ تم فوراً اپنے کمرے میں جاؤ۔ یہاں دھوئیں میں بیمار ہو جاؤ گی۔" میں نے مچلتے ہوئے کہا، "مجھے بھائی عثمان کے پاس لے چلو۔" بڑھیا نے سختی سے کہا، "نہیں، تمہیں اپنے کمرے میں جانا ہو گا۔ اس وقت وہ تمہیں نہیں مل سکتے۔"

میں مایوس ہو کر اپنے کمرے میں آ گئی۔ اس وقت میرے دل میں طرح طرح کے وسوسے اٹھ رہے تھے۔ جن کا میں نے بوڑھی خادمہ پر بھی اظہار کیا۔ اس نے کہا، "نادان لڑکی اگر وہ سلامت نہ ہوتے تو تمہیں یہاں اٹھا کر کون لاتا؟"

"تو کیا بھائی عثمان مجھے اٹھا کر لائے ہیں؟" میں نے متعجب ہو کر کہا۔ بڑھیا نے کہا، "تو کیا میں لائی ہوں۔ اب زیادہ باتیں نہ بناؤ اور سو جاؤ۔" میں بڑھیا کے اصرار پر بستر پر پڑ رہی۔ مگر ایسی حالت میں سو کون سکتا ہے۔ وہ آگ تمام رات بھڑکتی رہی۔ اتفاقاً صبح کے قریب بارش شروع ہو گئی جس سے یہ منحوس آگ فرو ہوئی۔

اس واقعہ کے بعد میں دو ماہ تک بھائی عثمان کو نہ دیکھ سکی لیکن بوڑھی خادمہ کا ان کے کمرے میں آنا جانا بتاتا تھا کہ وہ اپنے کمرے میں ہیں اور گوشہ نشینی اختیار کر چکے ہیں۔ کئی بار مجھے خیال آیا کہ جا کر ان سے معافی مانگوں۔ مگر میں مجرم تھی اور وہ انتہائی سخت گیر واقع ہوئے تھے، اس لیے جرات نہ ہوئی اور میں اپنی اس بیوقوفانہ حرکت پر بہت نادم تھی۔

خزاں کا آغاز تھا۔ نہایت اداس اور خشک دوپہر تھی۔ میں آتش دان کے قریب سرنگوں بیٹھی تھی کہ بوڑھی خادمہ نے آ کر مجھ سے کہا، "شگوفہ جان تمہیں آغا بلا رہے ہیں۔" اس اچانک بلاوے نے مجھے کسی حد تک خوفزدہ کر دیا۔ نہ جانے بھائی عثمان اب مجھے کیا سزا دیں۔ چنانچہ میں سہمی ہوئی ان کے کمرہ میں گئی۔

آج پہلی دفعہ میں نے ان کا کمرہ دیکھا تھا۔ اس نیم تاریک کمرہ میں گہرے سبز رنگ کے اونی پردے پڑے تھے۔ اور چھت میں ایک بہت بڑی پیتل کی قندیل لٹک رہی تھی جس میں رکھے ہوئے ایک پیتل کے چومکھے چراغ میں بیروزہ کی بتیاں جل رہی تھیں اور بیروزہ کی تیز بو تمام کمرہ میں پھیل رہی تھی۔ آتش دان میں ایک خاص قسم کی لکڑی سلگ رہی تھی جس کی روشنی بالکل سبز تھی۔ بیروزہ کی گہرے بادامی رنگ کی روشنی اس سبز روشنی کے گرد دھوئیں کی تہہ کی طرح لپٹی ہوئی معلوم ہوتی تھی۔ جس سے یہ کمرہ بھی ایک سبز غبارے کی شکل اختیار کر چکا تھا۔ یہاں بھی وہی تصویروں کی زبان میں لکھے ہوئے قطعے لٹک رہے تھے اور قالین پر بھی کچھ ویسے ہی نشانات تھے۔ اس انوکھے ماحول سے میں بہت گھبرائی۔ بھائی عثمان بستر پر نیم دراز تھے، میں ان کو دیکھ کر ٹھٹکی۔

"آجاؤ شگوفہ بہن" انہوں نے نرمی سے کہا۔ ان کے منہ سے یہ الفاظ سن کر میری جان میں جان آگئی، میں خوشی اور تعجب کے ملے جلے احساس سے کانپتی ہوئی آگے بڑھی، انہوں نے مجھے اپنے قریب ایک تپائی پر بٹھالیا۔ وہ بہت لاغر ہو رہے تھے اور ان کی کلائیوں پر بہت بڑے بڑے سفید داغ دکھائی دیتے تھے۔ ان کو مہربان پاکر میں نے دبی زبان سے پوچھا، "یہ آپ کی کلائیوں پر نشان کیسے ہیں؟"

"یہ جل گئی ہیں تمہاری مہربانی سے شگوفہ۔" انہوں نے اداسی سے کہا۔ مجھے افسوس ہوا اور میں نے معافی کی غرض سے اپنا سر ان کے پاؤں پر رکھ دیا۔ انہوں نے میرا سر آہستہ سے اوپر اٹھاتے ہوئے کہا، "شگوفہ میں تمہیں ملامت نہیں کرتا۔ بلکہ اچھا ہوا کہ تم اس راز سے واقف ہو گئیں۔ مجھے تم سے بڑی مدد مل سکتی ہے۔"

میں نے حیرت سے بھائی عثمان کا منہ دیکھا کیونکہ میں نہ جانتی تھی کہ کون سا راز مجھ پر ظاہر ہوا ہے۔ آخر میں نے حوصلہ کر کے کہہ دیا، "میں تو کسی راز سے بھی واقف نہیں

ہوئی۔" بھائی عثمان نے کہا، "تو پھر تم تہہ خانے میں کیوں گئی تھیں؟" جس پر میں نے ان سے وہاں جانے کا سارا ماجرا بیان کیا۔ بھائی عثمان کہنے لگے، "اچھا تو میرا خیال تھا کہ تم اکثر وہاں جایا کرتی ہو۔" میں نے جواب دیا، "اگر میں پہلے کبھی گئی ہوتی تو اتنی خوف زدہ کیسے ہوتی۔" بھائی عثمان نے کہا، "بیشک۔"

پھر کچھ سوچ کر کہنے لگے، "شگوفہ اب تم سیانی ہوگئی ہو اور یہ بھی جانتی ہو کہ تمہارا میرے سوا اس دنیا میں کوئی عزیز نہیں ہے اور نہ تمہارے سوا میرا۔ اس لیے بہن بھائی کی حیثیت سے ایک دوسرے کی مصیبت میں کام آنا ہمارا فرض ہے۔" میں نے کہا، "ضرور۔" انہوں نے کہا، "اچھا مجھے قول دو۔"

"آہ میں نے انہیں بے سمجھے بوجھے قول دے دیا۔"

بعد ازاں بھائی عثمان نے مجھے بتایا کہ اس واقعہ کے اٹھارہ سال پیشتر وہ ایک پارٹی کے ساتھ اس علاقہ میں آئے تھے تو ایک غریب لاغر پہاڑی گوالے کی لڑکی کو دل دے بیٹھے۔ فرحہ گو ایک گوالے کی لڑکی تھی مگر اتنی خودار اور قانع واقع ہوئی تھی کہ انتہائی کوششوں کے باوجود ان سے مانوس نہ ہوئی۔ آخر انہوں نے اس کے باپ کو کسی نہ کسی طرح رام کرلیا۔ اور اس نے اس شرط پر ان کا نکاح فرحہ سے کر دیا کہ وہ اسی گاؤں میں سکونت اختیار کریں۔ مگر آہ ان کی قسمت میں سکھ نہ تھا۔ شادی کے بعد جلدی ہی ان کے سہانے خوابوں کا تسلسل ٹوٹ گیا۔ کیونکہ فرحہ دق کی مریض تھی اور وہ ان کی ان تھک کوششوں کے باوجود جانبر نہ ہوسکی۔

انہیں اس کی موت کا اتنا صدمہ ہوا کہ زندگی دوبھر ہوگئی۔ وہ فرحہ کے علاج کے دوران میں کئی ایک ایسی جڑی بوٹیوں سے واقف ہوچکے تھے جن کی عجیب وغریب خاصیتیں تھیں، چنانچہ ایک ایسی جڑی کا بھی انہیں علم تھا جس کے پھولوں پر اگر لاش رکھ

دی جائے تو وہ خراب ہونے سے محفوظ رہتی ہے۔ اور یہ بیروزہ کی بتیاں بھی دق کے جراثیم کو ہلاک کرتی ہیں۔ لہٰذا انہوں نے فرحہ کی لاش کو محفوظ رکھنے کے لیے اپنے کتب خانہ کے نیچے ایک تہہ خانہ بنایا اور اس خاص بوٹی کے پھولوں کی سیج بنا کر اس پر فرحہ کو لٹا کر تہہ خانہ میں بند کر دیا اور خود بیراگی بن کر جنگلوں اور بنوں میں آوارہ گردی کرنے لگے۔ کبھی مہینے میں ایک آدھ دفعہ یہاں آتے اور لاش پر تازہ پھول ڈال جاتے۔

اسی دوران میں اتفاقاً انہیں ایک ایسا سنیاسی مل گیا جو ایک خاص علم جانتا تھا۔ جسے ڈائنوں کا علم کہا جاتا ہے۔ یہ علم ایک خاص زبان میں پڑھا جاتا ہے اور اس کی عبارت اعضاء کی صورت میں لکھی جاتی ہے جس کا عمل انسانی یا حیوانی اعضاء کو آسانی سے بدل سکتا ہے یا بالکل علیحدہ کر سکتا ہے۔

چنانچہ سنیاسی سے یہ علم حاصل کر کے انہیں اتنی خوشی ہوئی جیسے انہوں نے کونین کی دولت پالی۔ محبت کی رنگینیاں، زندگی کی دلچسپیاں اور امیدوں کا ہرا بھرا باغ ان کی آنکھوں کے سامنے لہلہانے لگا۔ انہیں یقین تھا کہ اس عمل کے ذریعہ فرحہ کو دوبارہ زندگی دے سکیں گے۔ غرض یہ کہ وہ انہیں ارمانوں کو دل میں لیے واپس آئے اور اس علم کے ذریعہ انہوں نے بغیر کسی قسم کے آپریشن کے اس کے ناکارہ پھیپھڑے کلیجہ سمیت نکال دیے اور بکری کے تازہ پھیپھڑے اس کے جسم میں داخل کیے، لیکن چونکہ اس کو مرے ہوئے عرصہ گزر چکا تھا۔ اس لیے اس کا جسم سڑ کر ضائع ہو چکا تھا اور گوشت بالکل سوکھ کر لکڑی بن گیا تھا اس لیے وہ زندہ نہ ہو سکی۔ گو اس نے چند سانس لیے مگر پھر جلدی ختم ہو گئی۔

گو اب انہیں اس کی زندگی سے بالکل مایوسی ہو گئی تھی لیکن خبط کا کیا علاج، جس کے زیر اثر وہ بار بار ناکارہ پھیپھڑے نکال کر نئے ڈالتے تھے۔ وہ سمجھتے تھے کہ شاید بار بار ایسا

کرنے سے اس کا جسم بھی تازہ ہو سکے۔ اس جدوجہد میں ان کی صحت خراب ہو گئی، اب انہیں محسوس ہوا کہ غور پرداخت کرنے والا ضرور کوئی ان کے پاس ہونا چاہیے لہٰذا اسی لیے والدہ کو یہاں لے آئے۔ جن کے آنے سے ان کی حالت بہت سنبھل گئی اور اسی طرح انہوں نے اپنی زندگی کا بیشتر حصہ گزار دیا۔ مگر تھوڑے عرصہ سے وہ خود کو دق کا مریض تصور کرنے لگے۔ چونکہ وہ کئی جڑی بوٹیاں جانتے تھے اس لیے ان کے ذریعہ انہوں نے مرض کو دبا دیا مگر مرض جڑ سے نہ گیا۔

اب ان کے لیے ضرور تھا کہ فرحہ کو زندہ کرنے کا خیال چھوڑ دیں، وہ خود بھی اس کام سے بیزار ہو چکے تھے۔ مگر نہ معلوم کیوں اس کام سے باز نہ آئے۔ آخر خدا نے ان کی مدد کی کہ اس روز تہ خانے میں میری چیخ سن کر ایسے بوکھلائے کہ فرحہ کی لاش ہاتھوں سے چھوٹ کر جلتی آگ میں جا پڑی جس سے شعلے بھڑکنے لگے۔ وہ بدحواسی سے بھاگ رہے تھے کہ راستہ میں مجھ پر نظر پڑی، مجھے وہاں سے اٹھا لائے لیکن خدا جانے ان کی کلائیاں کیسے جل گئیں۔

اب وہ کئی دن سوچ رہے تھے کہ یہ بیماری جو انہیں لگ چکی ہے کس طرح رفع ہو۔ کہاں تک وہ اسے جڑی بوٹیوں کے ذریعے قابو میں رکھ سکیں گے، اگر ذرا بھی بے احتیاطی ہو گئی تو جان کے لالے پڑ جائیں گے لہٰذا اس دن ایک تدبیر ان کے ذہن میں آئی کہ اگر میں یہ علم ان سے سیکھ کر ان کے پھیپھڑے بکری کے تازہ پھیپھڑوں سے بدل دوں تو ان کی زندگی محفوظ ہو سکتی ہے۔ میں نے حامی بھر لی۔

غرض یہ کہ کچھ دن بعد مجھے اسی تہ خانہ میں لائے جس میں کبھی فرحہ کی لاش رکھی گئی تھی جو آتش زدگی کے بعد انہوں نے از سر نو تعمیر کیا تھا۔ میز پر لیٹ کر انہوں نے مجھے دو طلسم سکھائے اور بکری کے تازہ پھیپھڑے جو خاص طور پر اس کام کے لیے تیار

رکھے تھے، مجھے دیے اور ہدایت کی کہ پہلے طلسم کے اثر سے جب ان کے پھیپھڑے باہر نکل آئیں تو دوسرا طلسم بکری کے پھیپھڑوں پر پڑھنے سے یہ ان کے جسم میں خودبخود داخل ہو جائیں گے۔ آہ میں نے اس کام کو معمولی سمجھ رکھا تھا۔ لیکن جونہی میں نے طلسم پڑھا تو بھد سے کوئی چیز میرے پاؤں کے قریب آ گری۔ میں نے جھک کر دیکھا کہ ایک پھیپھڑا معہ جگر کے میرے پاؤں میں تڑپ رہا تھا۔

میرا دل دہل گیا۔ میں نے گھبرا کر بھائی عثمان کی طرف دیکھا۔ ان کا رنگ اس وقت ایسا زرد ہو رہا تھا کہ میں حواس باختہ ہو گئی۔ میری حالت دیکھ کر انہوں نے مجھے اشارہ سے بلایا۔ مگر میں بت بنی کھڑی رہی آخر انہوں نے اونچی آواز سے کہا، "شگوفہ کیا دیکھ رہی ہو۔ اپنا کام شروع کرو۔ بیماری نے پہلے ہی مجھے نڈھال کر رکھا ہے۔ میں اس حالت میں زیادہ دیر تک زندہ نہ رہ سکوں گا۔"

نہ جانے مجھے اس وقت کیا ہو گیا کہ انتہائی کوشش کے باوجود میں حرکت نہ کر سکی اور متوحش نگاہوں سے ان کے زرد اور مدقوق چہرے کو دیکھتی رہی "آہ بدبخت لڑکی۔" بھائی عثمان نے غصے سے تلملاتے ہوئے کہا اور پوری طاقت سے اٹھ کر بیٹھ گیے۔ اف! اس وقت مجھے ایسا معلوم ہوا کہ ایک لاش اٹھ رہی ہے۔ خوف و ہراس سے خون میری رگوں میں جم گیا اور بیہوش ہو گئی۔

جب میں ہوش میں آئی تو تہ خانہ میں مکمل خاموشی تھی اور بھائی عثمان چند قدم پر اوندھے پڑے تھے۔ میں نے آؤ دیکھا نہ تاؤ۔ بے تحاشا سیڑھیوں کی طرف بھاگی اور اوپر جا کر کتب خانہ سے باہر نکلتے ہی دھاڑیں مار مار کر رونے لگی۔ اسی وقت بوڑھی خادمہ دوڑتی ہوئی آئی اور مجھے پچکارتے ہوئے رونے کی وجہ پوچھنے لگی۔ میں نے سارا ماجرا اس سے بیان کر دیا۔ پہلے تو اس نے مجھے بہت ملامت کی پھر اپنے فرض سے آگاہ کرتے ہوئے اس کام کو

انجام دینے کے لیے منت سماجت کرنے لگی۔ اب کھلی ہوا میں میرے حواس بھی کچھ بجا ہوئے۔ مجھے اپنی کمزوری پر سخت ندامت ہوئی اور بوڑھی خادمہ کے سمجھانے سے میں دوبارہ تہہ خانہ میں جانے کے لیے تیار ہوگئی۔

اس دفعہ مجھے دلیری بھی تھی کیونکہ بوڑھی خادمہ میرے ساتھ تھی۔ وہاں پہنچ کر معلوم ہوا کہ بھائی عثمان ٹھنڈے ہو چکے تھے۔ ہم دونوں نے اٹھا کر انہیں میز پر لٹایا اور میں نے بکری کے پھیپھڑے پر طلسم پڑھنا شروع کیا۔ چند منٹ کے بعد وہ پھیپھڑا حرکت کرنے لگا۔ میں نے اپنا عمل جاری رکھا۔ آہ! وہ پھیپھڑا صرف حرکت ہی کرتا تھا۔ مگر بھائی عثمان کے جسم میں داخل نہ ہوتا تھا۔ میں حیران تھی کہ یہ طلسم اپنا اثر پوری طرح کیوں نہیں کرتا۔ لیکن مجھے جلدی ہی معلوم ہو گیا کہ میں طلسم پورا نہیں پڑھ رہی اس کا ایک آخری حرف بھول چکی ہوں۔ اپنی غلطی سے آگاہ ہو کر میں نے سر پیٹ لیا۔ آہ اگر میں دل کو مضبوط رکھتی تو اپنے عمل میں کامیاب ہو سکتی تھی۔ اب وہ مر چکے تھے۔ بھولا ہوا حرف کون یاد دلاتا۔ اس کے بعد جب تک ان کی لاش ٹھیک تھی، میں نے انہیں زندہ کرنے کی جدوجہد جاری رکھی۔

بھائی عثمان کے مرنے کے بعد گاؤں کے آوارہ لڑکے میرے پیچھے پڑ گیے اور ایک دن رات کے وقت نہ جانے کس طرح میرے جھونپڑے میں گھس آئے، میں اس وقت ایک بندر کے نکالے ہوئے پھیپھڑے اور کلیجے پر اپنا عمل کر رہی تھی۔ بندر کی لاش بھی سامنے پڑی تھی۔ یہ حالت دیکھ کر وہ اتنے خوف زدہ ہوئے کہ بجائے سیدھے راستے بھاگنے کے کھڑکی سے کود گیے، جن میں سے ایک تو نیچے گرتے ہی مر گیا اور دوسرے بھاگ نکلے اور انہوں نے گاؤں میں جا کر مجھے ڈائن مشہور کر دیا۔ اس دن سے کسی نے بھی میرے جھونپڑے کی طرف آنے کی جرات نہ کی۔

ایک سال گاؤں میں وبا پھیل گئی۔ یہ ایک نئی بیماری تھی یعنی پہلے زکام کی شکایت ہوتی، ساتھ ہی سر میں درد ہوتا، دوسرے دن ناک اور منہ سے خون آتا جس سے مریض فوراً مر جاتا۔ لہٰذا ان لوگوں نے اپنی جہالت کی وجہ سے وبا کا خالق مجھے ہی قرار دیا اور میرے قتل کے منصوبے ہونے لگے۔ اکیلی عورت کو مارنا بھلا کون سی بڑی بات ہے کیونکہ اب میری بوڑھی خادمہ بھی مر چکی تھی۔ چونکہ میں ان کی نظروں میں عورت نہ تھی بلکہ ایک ڈائن تھی اس لیے وہ اس سازش کو عملی جامہ پہنانے سے ہچکچاتے رہے۔

نوری ایک یتیم لڑکی تھی جو کبھی کبھی مجھ سے پھٹا پرانا کپڑا یا بچا کھچا کھانا لے جایا کرتی۔ ایک دن اس نے مجھے گاؤں والوں کے ارادے سے آگاہ کیا۔ اسی دن میں شام کو خود گاؤں میں گئی۔ نمبردار کی حویلی میں اس وقت محفل جم رہی تھی۔ وہ مجھے دیکھ کر حیران رہ گئے۔ میں نے گرج کر کہا، "مجھے اپنے علم کے زور سے معلوم ہوا ہے کہ گاؤں میں میرے خلاف ہنڈیا پک رہی ہے۔ اس لیے میں تمہیں آگاہ کرنے آئی ہوں کہ ڈائن کسی کے مارے نہیں مرتی اور اگر وہ مر بھی جائے تو اس کی بد عا کبھی نہیں مر سکتی۔" میرا یہ حربہ کارگر ثابت ہوا۔ گاؤں والوں کے ہاتھ پاؤں پھول گئے۔ وہ میری منتیں کرنے لگے وباء سے انہیں بچاؤں۔

میں نے بھائی عثمان سے سن رکھا تھا کہ یہاں ایک خاص قسم کا لہسن پیدا ہوتا ہے جس کے کھانے سے ہر قسم کے زکام کے جراثیم مر جاتے ہیں۔ چنانچہ میں نے ان سے کہا کہ کل گاؤں کے معززین میرے ڈیرے پر آئیں اور فلاں قسم کا لہسن کا ایک ٹوکرا بھر کر ساتھ لائیں۔ دوسرے دن وہ لوگ لہسن کا ٹوکرا لے کر میرے گھر آئے تو میں نے یہ شرط پیش کی کہ ان تینوں گاؤں کے لوگ اگر مجھے اپنا پیر بنائیں اور نذرانہ دیا کریں تو میں وباء دور کر دوں گی۔ انہوں نے میری شرط منظور کرلی۔

سمجھوتہ ہونے کے بعد میں نے لہسن پر جھوٹ موٹ دم کر دیا اور حکم دیا کہ یہ لہسن وبازدہ لوگوں کو کھلایا جائے۔ جب اس لہسن کے کھانے سے وبازدہ لوگ اچھے ہونے لگے تو میرا اسکہ ان کے دلوں پر بیٹھ گیا۔ اس دن سے یہ لوگ مجھے نذرانہ دینے لگے اور فارغ البالی سے میری گزراوقات ہوتی رہی حتی کہ وہ دن بھی آپہنچا کہ آپ سے ملاقات ہوئی اور آپ کی محبت میرے من میں بس گئی، مگر پھر جب آپ مجھے چھوڑ کر چلے گیے تو میرا براحال ہوا۔ میں زندگی میں بیزار رہنے لگی۔ آخر ایک مدت کے بعد میری محبت کی کشش پھر آپ کو یہاں کھینچ لائی تو ظالموں نے آپ کو بہکانا شروع کیا۔ آخر آپ انسان تھے۔ دھوکے میں آگیے۔ اب اگر میں لاکھ صفائی پیش کروں، پھر بھی آپ کی محبت اور ہمدردی حاصل نہیں کر سکتی۔ آپ ہمیشہ مشکوک رہیں گے۔

(۵)

شگوفہ نے اپنی کہانی ختم کرتے ہی نہایت غمگین ادا سے سر جھکالیا اور کسی گہری سوچ میں پڑگئی۔ میری بغل میں بدنصیب پرندے کی تڑپ بھی دم بدم کم ہورہی تھی۔ میں نے اس کی لمبی خاموشی سے اکتا کر کہا، "بس کہانی تو ختم ہوگئی۔ اب مجھے اجازت دو کہ اس پرندے کو رہا کروں تاکہ یہ کم از کم آخری سانس تو کھلی ہوا میں لے سکے۔" شگوفہ نے کچھ جواب نہ دیا اور بے حس و حرکت بیٹھی رہی، یکایک مجھے ایسا محسوس ہوا کہ وہ کانپ رہی ہے، میں نے محبت سے اس کے سیمیں ہاتھ اپنے ہاتھ میں لے لیے۔ اف !وہ برف کی طرح سرد ہورہے تھے۔ میں بے اختیار اس سے لپٹ گیا۔ مگر اس کی حالت بدستور رہی، میں نے اسے جھنجھوڑ کر زور سے پکارا۔ اس نے بڑی مشکل سے اپنا خوشنما سر اونچا کیا۔ اس کا چہرہ بالکل سفید ہوچکا تھا اور اس کی شرابی آنکھیں سچ مچ بدمستیوں کی طرح نیم باز تھیں۔

اس نے آہستہ آہستہ اپنی کانپتی ہوئی مرمریں بانہیں اٹھاکر میرے گلے میں ڈال

دیں۔ میں نے اس کی پیشانی چومتے ہوئے کہا، "شگوفہ تمہارا جسم اتنا سرد کیوں ہے، کیا کچھ بیمار ہو؟" وہ خاموش رہی۔ میں نے پھر پکارا، "شگوفہ۔"

"میرے آقا۔" اس نے رکتے ہوئے کہا، "میں نے ڈائن کا ذلیل لفظ اپنے نام سے ہمیشہ کے لیے مٹا دیا۔" یہ کہتے ہوئے اس کا سر خود بخود میری چھاتی سے لگ گیا اور اس کے پھول سے لب ہمیشہ کے لیے کمھلا گیے۔ میں نے سمجھا کہ وہ عشق کی حالت میں ہے لیکن میری انتہائی کوششوں کے باوجود اس کی دائمی غشی دور نہ ہو سکی۔ شگوفہ کی اس اچانک موت سے میرا کلیجہ پھٹنے لگا اور میں تمام رات گریہ وزاری کرتا رہا۔

صبح جب گاؤں والے اس کی تجہیز و تکفین کی تیاری کرنے لگے تو مجھے اس پرندے کا خیال آیا جو رات کو شگوفہ نے میری بغل میں دیا تھا۔ دیکھا تو وہ بدستور ٹپکے میں لپٹا ہوا ایک طرف پڑا تھا۔ میں نے بیتابی سے اٹھا کر اسے کھولا۔ آہ! یہ پرندہ دراصل شگوفہ کے پھیپھڑے اور کلیجہ تھا۔

٭٭٭

صدائے جرس

خلیل میرا دوست تھا۔ ہماری محبت کالج بھر میں ضرب المثل تھی۔ ہم دونوں تاریخ قدیم سے گہری دلچسپی رکھتے تھے۔ جہاں کہیں ہر اخبارات یا رسائل میں کسی قدیم تہذیب کے متعلق کوئی لٹریچر شائع ہوتا۔ یا پرانے معبدوں اور مقبروں کی کھدائی کا ذکر ہوتا تو ہماری آتشِ شوق بھڑک اٹھتی۔ یہی شوق ہماری محبت و یکجائی کی اہم ترین وجہ تھا۔

تاریخ عالم میں تاریخ مصر کا باب خصوصاً ہماری توجہات کا مرکز تھا۔ ہم اکثر اوقات قدیم مصریوں کی روحانی طاقت اور دیگر کمالات پر بحث کیا کرتے۔ جب ہم فراعنہ مصر کی عجیب و غیب شخصیتوں اور ان کی آہنی حکومتوں پر تبادلۂ خیال کرتے تو تصور ہمیں ہزارہا سال کی گزشتہ دنیا میں لے جاتا۔ اور کئی کئی گھنٹے ہم انہی خواب و خیال کی دنیا میں غرق رہتے۔ چنانچہ تعلیم کا زمانہ ہم نے اسی ضبط میں بسر کیا۔ لیکن تعلیم کے خاتمہ پر ہمارا یہ شوق ادھورا رہ گیا۔ دنیا کے جھمیلوں نے ہمیں ایک دوسرے سے علیحدہ کر دیا۔ وہ فوج میں ملازم ہوا اور مجھے اپنی زمینداری سنبھالنا پڑی۔ ہم دونوں دس سال تک جدا رہے۔ اسی عرصہ میں میری شادی نسیمہ سے ہوگئی۔ نسیمہ کے نور پاش حسن اور معصوم محبت نے مجھے ایسا محو کیا کہ میں نے اپنے سب مشاغل ترک کر کے اپنی زندگی کو محبت کی جولانیوں کے سپرد کر دیا۔

خلیل ابھی تک مجرد تھا۔ وہ اس وقت تک تقریباً آدھی دنیا کا چکر لگا چکا تھا اس کے خطوط اکثر آیا کرتے تھے جن میں وہی پہلا سا خلوص بھرا ہوتا۔ پورے دس سال کے بعد

مجھے اس کا ایک ایسا خط ملا جس نے میرے پرانے شوق کو از سرِ نو تازہ کر کے میرے دل میں جستجو کی ہل چل ڈال دی۔

خط کا مضمون مختصر تھا۔ یعنی وہ ملازمت سے سبکدوش ہو کر کلکتہ میں سکونت پذیر ہے۔ اور مصر کے ایک پرانے مقبرے سے عجائبات کا ایک بہت بڑا خزانہ ساتھ لایا ہے۔ اس نے مجھے دعوت دی تھی کہ میں کلکتہ جا کر ان نادر اور عجوبۂ روزگار اشیا کا معائنہ کروں۔ اس کے خط سے پھر ایک بار میری آتش شوق بھڑک اٹھی۔ دبے ہوئے جذبات دوبارہ ابھرنے لگے۔ اور دوسرے دن میں بمع نسیمہ کے کلکتہ روانہ ہو گیا۔

خلیل کا وسیع بنگلہ شہر سے چند میل پرے دریائے ہگلی کے کنارے واقع تھا۔ جس پر ناریل اور زیتون کے درختوں نے اپنا تاریک سایہ ڈال رکھا تھا۔ شام قریب تھی۔ تاجدار مشرق ایوان مغرب میں داخل ہونے والا تھا۔ ہوا بالکل ساکن تھی افق پر خاکستری رنگ کے بادل طوفان کی آمد کا اعلان کر رہے تھے۔ فضا نہایت اداس اور غبار آلود تھی۔ بنگلے میں بالکل سناٹا تھا۔ مجھے حیرت ہوئی کہ وہ اس ویرانے میں کیونکر رہتا ہے۔ بنگلے میں کوئی ملازم بھی دکھائی نہ دیتا تھا۔ چاروں طرف اجاڑ بیابان نہ آدم نہ آدم زاد۔

ناچار میں بنگلے کا طواف کرنے لگا۔ سب دروازے اندر سے بند تھے۔ میں نے آوازیں دیں۔ دروازے کھٹکھٹائے مگر بے سود۔ اِس ناگوار سکوت سے نسیمہ بہت بد دل ہوئی اور واپس چلنے پر اصرار کرنے لگی۔

ہم لوگ مایوس ہو کر واپس جانے ہی کو تھے کہ سب سے اوپر والی منزل کی کھڑکی کھلی مگر فوراً ہی بند ہو گئی۔ تھوڑی دیر بعد مقابل والا دروازہ کھلا اور ایک شخص نمودار ہوا۔ یہ ایک ادھیڑ عمر کا پتلا دبلا مدقوق سا شخص تھا۔ اس کے زرد اور بے رونق چہرے پر وحشت برس رہی تھی۔ اس کی پھیکی اور بے رس آنکھیں تیزی سے حلقوں میں گردش کر

رہی تھیں۔ اس کے کھردرے اور بدرنگ بالوں پر خشکی کی وجہ سے گرد جمی ہوئی معلوم ہوتی تھی۔ اس شخص کو دیکھ کر نسیمہ بہت گھبرائی۔

میں نے حوصلہ کر کے اس سے خلیل کی بابت پوچھا۔ مگر اس نے جواب دینے کے عوض نفرت سے ہونٹوں کو سکیڑتے ہوئے دروازہ کھولا اور نہایت بے اعتنائی سے ہمیں ڈرائینگ روم میں بٹھا کر خود چپ چاپ اوپر والی منزل میں چلا گیا۔

اس کمرے میں قدیم صنعت کی کئی عجیب و غریب اشیا موجود تھیں۔ لیکن ان میں دو چیزیں نہایت ہی ہولناک تھیں۔ ایک تو سنگ جراحت کا ایک خوبصورت پیالہ تھا۔ جس کی تہہ میں خون کی طرح کوئی سرخ چیز جمی ہوئی تھی اور دوسری پتھر کی ایک چھری تھی جو آدھی سے زیادہ خون آلود تھی۔ نسیمہ ان چیزوں کو دیکھ کر لرزنے لگی۔

میں بھی ان چیزوں کی دیکھ بھال کر رہا تھا کہ کار کا ہارن سنائی دیا اور چند منٹ بعد خلیل کمرے میں داخل ہوا۔ وہ اسی طرح خوبصورت اور جوان تھا۔ اس کی وجاہت اور شکل و صورت پر وقت نے بالکل اثر نہ کیا تھا۔ وہ اندر داخل ہوتے ہی مجھ سے لپٹ گیا۔ ایک دوسرے کی مزاج پرسی کے بعد میں نے پوچھا۔ "خلیل! یہ بھوت کی قسم کا آدمی دوسری منزل میں کون ہے۔" اس نے ہنستے ہوئے کہا "اور تمہارا اشارہ شاید اس وحشی نوکر کی طرف ہے جو آج بدقسمتی سے گھر پر اکیلا تھا۔ کیونکہ میرے تمام ملازم آج شہر میں میلہ دیکھنے گئے ہوئے تھے۔ اس نے ضرور تمہیں ستایا ہوگا۔"

اس کے بعد ادھر ادھر کی باتیں ہوتی رہیں۔ وہ نسیمہ کو دیکھ کر بہت خوش تھا۔ اسی عرصے میں خلیل کے حکم سے ہمارے لیے دو کمرے تیار ہوگئے۔ جہاں ہم نے آرام کیا۔ میری آنکھ کھلی تو شام کافی گہری ہو چکی تھی۔ خلیل کمرے میں موجود تھا وہیں ہم نے کھانا کھایا اس کے بعد وہ دیر تک غیر ممالک کے حالات بیان کرتا رہا، حتی کہ رات کے بارہ بج

گئے ۔ ملازمین ایک عرصہ سے اپنی ڈیوٹی ختم کر کے گہری نیند سو چکے تھے۔ تمام دنیا خاموش تھی۔ گرم اور تاریک رات کے اندھیرے سایوں میں لمبے لمبے ناریل کے درخت جہنمی روحوں کی طرح مایوسی سے سمٹے سمٹائے کھڑے تھے۔ ہر طرف موت کا سا سکوت تھا۔ میں نے خلیل سے آرام کرنے کو کہا وہ کسمساتا ہوا اٹھا مگر چند قدم چل کر پھر واپس پلٹا اور جھک کر میرے کان میں کہنے لگا۔ "ابھی سونے کا وقت نہیں۔ میں تمہیں ایک عجیب چیز دکھانا چاہتا ہوں۔ ذرا نسیمہ کو سو جانے دو۔" نہ جانے اس نے یہ فقرہ کس طرح سن لیا۔ "یہ کبھی نہ ہو گا۔ میں اس سنسان گھر میں ایک لمحہ بھی اکیلی نہ رہوں گی۔" نسیمہ نے چلا کر کہا۔ "لیکن وہ تمہارے دیکھنے کی چیز نہیں۔" خلیل نے جواب دیا۔ "مگر تنہا رہ کر تو شاید میں زندہ بھی نہ بچ سکوں گی۔ نسیمہ نے مچلتے ہوئے کہا۔

یکایک ایک پر حسرت اور مدھم سا ساز سنائی دیا۔ ہم سب چونک پڑے ۔ "اوہو وقت بہت ہو گیا ہے۔ وحشی نوت نے اپنی عبادت بھی شروع کر دی۔" خلیل نے کہا۔۔۔ اس ساز میں کچھ ایسا ناپاک شیطانی اثر تھا کہ میرا دل دھڑکنے لگا۔ نسیمہ کا چہرہ بھی زرد ہو گیا۔ "اف یہ ساز کس قدر منحوس ہے مجھے ایسا محسوس ہوتا ہے کہ جیسے میں وادئ موت میں داخل ہو رہا ہوں۔ کیا تم اسے بند کرا سکتے ہو؟" میں نے بے چینی سے کہا۔

"یہ تو بہت مشکل ہے" خلیل نے کہا۔ "نوت کو کیسے روکا جائے۔ وہ بہرہ ہونے کے علاوہ اس ساز کے بجانے میں اتنا محو ہو جاتا ہے کہ اسے تن بدن تک کا ہوش نہیں رہتا"۔ "ایسے خوفناک آدمی کو برطرف کیوں نہیں کر دیتے۔" نسیمہ نے کہا۔ پسند تو اسے میں بھی نہیں کرتا۔ خلیل نے کہا۔ "لیکن یہ بڑے کام کا آدمی ہے۔ اس کی وساطت سے مجھے چند ایسی عجوبہ اور نادر اشیا دستیاب ہوئی ہیں جو ایک وحشی قوم کی ملکیت تھیں۔ یہ قوم صحرا میں غاروں کے اندر رہتی ہے۔ نوت اسی قوم کا فرد ہے۔ میں اسے بمشکل رام کر سکا۔"

پھر کچھ دیر خاموش رہنے کے بعد کہنے لگا۔ "وقت گزر رہا ہے۔ اگر تم لوگ کچھ دیکھنا چاہو تو میں تیار ہوں۔" ہم اٹھ کھڑے ہوئے۔ اور وہ ہمارے آگے آگے چلنے لگا۔ سب سے اوپر والی منزل پر جاکر اس نے ایک طویل و عریض کمرہ کھولا۔ اس کمرے میں دروازوں پر بھاری بھاری زرتار پردے لٹک رہے تھے۔ اور اندر نہایت اداس اور حسرت آمیز بھینی بھینی خوشبو پھیل رہی تھی۔ خلیل نے احترام کے طور پر جھک کر وزنی زرتار پردہ اٹھایا اور ہم لوگ اندر داخل ہوئے۔ کمرے میں زردوز پردوں کے ساتھ ساتھ جابجا برقی قمقمے جگمگا رہے تھے۔ وسط میں دو تابوت پڑے تھے جن میں ایک سونے کا تھا اور دوسرا پتھر کا۔

خلیل نے پہلے پتھر کے تابوت سے ڈھکنا اٹھایا۔ ایک دم ہم سب پر رقت طاری ہوگئی۔ اس تابوت میں دو خوش رو نوجوان پہلو بہ پہلو لٹائے گئے تھے۔ یہ حنوط شدہ لاشیں بالکل زندل معلوم ہوتی تھیں۔ ان کے شاندار چہروں پر جنہیں موت کا خونخوار پنجہ بھی نہ بگاڑ سکا تھا۔ ایک ملاحت آمیز غم کی جھلک نمایاں تھیں۔ ان کی لمبی لمبی عبرت آمیز آنکھوں سے بلا کا درد اور انتہائی بے کسی ٹپک رہی تھی۔ ان مردہ نوجوانوں کو دیکھ کر میرے دل میں ان کے لیے ہمدردی اور رحم کا جذبہ تڑپ اٹھا۔ ان نوجوانوں کا صرف چہرہ ہی عریاں تھا، باقی جسم روغنی پٹیوں میں لپٹان گیا تھا۔ تاہم وہ پٹیاں ان کے بانکپن پر اثرانداز نہ تھیں۔ "نہ جانے یہ رعنا جوان کس طرح ملک الموت سے مغلوب ہوئے ہوں گے۔" میں نے دلی رنج سے کہا۔ "ان دونوں کے حالات زندگی ایک درخت کی چھال پر لکھے ہوئے موجود تھے۔" خلیل نے کہا۔ "میں نے ایک عالم کے پاس جو مردہ زبانوں کا ماہر ہے۔ بھیج دیے ہے۔ تاکہ یہ زمانہ رفتہ کی مٹی ہوئی نشانیاں موجودہ زمانے کے مہذب لوگوں سے متعارف ہو جائیں۔"

اس کے بعد اس نے سونے کے تابوت سے ڈھکنا اٹھایا۔ اب ایک دلفریب سین

شگوفہ (افسانے) 49 مسز عبدالقادر

میرے پیش نظر تھا۔ تابش حسن سے میری آنکھیں جھک گئیں۔ اس تابوت میں ایک ایسی نازنین ابدی نیند سو رہی تھی جسے حسن و شباب کی دیوی کہنا بجا تھا۔ حسین سا چہرہ جو کبھی آسمانِ حسن کا چمکتا ہوا ستارہ تھی فنا ہو کر بھی اپنے حسین جلوے بکھیر رہی تھی۔ اس کے خد و خال سے حسن کے سوتے پھوٹ رہے تھے۔ یہ حسینہ پٹیوں کی بجائے قدیم مصری زر تار لباس میں ملبوس تھی۔ اس کے سر پر عقاب نما سنہری تاج تھا۔ جس کے نیچے کاجل کے سے سیاہ بالوں کی لٹیں شعلہ گو چہرے کے گرد حلقہ بناتی ہوئی اس طرح سینہ پر پڑی تھیں۔ جیسے چاند کے گرد کالی گھٹائیں۔ وہ ایک زر دوز بستر پر نہایت شان و شوکت سے رکھی گئی تھی۔

خلیل اسے دیکھتے ہی کھل گیا۔ وہ اس شمع خاموش پر پروانہ وار نثار ہونے لگا اسے یہ احساس تک نہ رہا کہ یہ حسن و جمال کی پتلی کسی نامعلوم زمانہ سے فرشتہ اجل کی سرد آغوش میں سو رہی ہے۔ اس کی گرم جوشیاں اب اسے بیدار نہ کر سکیں گی۔ میں دنیا کی بے ثباتی پر اشکِ حسرت بہاتا ہوا پھر ان اجل رسیدہ جوانوں کے پاس آ کھڑا ہوا۔ یکایک میری نظر ایک نوجوان کی گردن کے ایسے مقام پر پڑی جہاں سے روغنی پٹی ذرا نیچے کو سرکی ہوئی تھی۔ شاہ رگ کے قریب ایک سیاہ داغ دکھائی دیا۔ میں نے پٹی پوری طرح ہٹائی۔ یہ ایک چھری کے زخم کا نشان تھا۔ میرے منہ سے ایک دلدوز آہ نکلی۔ یہ جوان شاید لڑائی میں مارا گیا تھا۔ میں یہی سوچ رہا تھا کہ ناگاہ دوسرے نوجوان کی گردن پر بھی مجھے اسی طرح کا ایک سیاہ داغ نظر آیا۔ میں کانپ اٹھا اور خیال کرنے لگا کہ شاید دونوں مجرم تھے جو اس زمانہ کے قانون کے مطابق ہلاک کیے گئے مگر ان کے چہروں پر ایک ملکوتی نور برس رہا تھا وہ مظلوم معلوم ہوتے تھے۔ خلیل ابھی تک اس حسینہ کی لاش کے قریب کھڑا تھا۔ اس کی حالت اب ایک افسوسناک حد تک پہنچ چکی تھی۔ وہ لاش سے اظہار محبت کر رہا

تھا۔

خلیل یہ کیا پاگل پن ہے ہوش میں آؤ۔ کیا تم نہیں جانتے کہ تم ایک لاش سے اظہار محبت کر رہے ہو۔ میں نے اسے سمجھاتے ہوئے کہا۔ "ممتاز اسے مردہ کہہ کر میرا دل نہ دکھاؤ۔ یہ زندہ ہے اور اپنی خاموش آنکھوں سے میری محبت کا جواب دے رہی ہے۔" خلیل نے اسی مجنونانہ انداز سے کہا "آہ! ایسا سحر کار حسن کسی کو نہیں ملا۔ میں اس سے محبت کرتا ہوں۔ آؤ تم بھی اس کی محبت کا اقرار کرو۔" میں متوحش نگاہوں سے اس حسینہ کی لاش کو دیکھ رہا تھا۔ مجھے ایسا معلوم ہوا کہ اس کی آنکھیں مجھے اپنے اندر جذب کر رہی ہیں۔ "ہاں میں بھی اس سے محبت کرتا ہوں۔" میں نے کسی نامعلوم جذبہ سے مجبور ہو کر کہا۔ عین اسی وقت مجھے اپنے قریب ایک ٹھنڈا سانس سنائی دیا۔ میں نے چونک کر دیکھا تو نسیمہ میرے پہلو میں سہمی ہوئی کھڑی تھی۔ اس کا رنگ زرد ہو رہا تھا۔ میں نے کندھوں کو جھٹک کر اپنے حواس درست کیے۔

تم بھی اس سے محبت کرتے ہو۔ خلیل نے وفور مسرت سے کہا۔ "نہیں میرے پاس اس سے بہتر چیز موجود ہے۔" میں نے بلند آواز میں کہا اور نسیمہ کا ہاتھ پکڑ کر جلدی اس کمرے سے باہر نکل آیا۔

رات ہم نے انتہائی اضطراب میں بسر کی۔ خلیل کی بابت کچھ معلوم نہ ہو سکا کہ وہ اس لاش کے پاس رہا یا اپنے کمرہ میں۔ صبح کے اجالے میں ہماری حالت قدرے سکون پذیر ہوئی۔ جتنی جلدی ہو سکے ہمیں یہاں سے چل دینا چاہیے۔ نسیمہ نے کہا۔ "اتنی جلدی تو خلیل کبھی جانے نہ دے گا۔" میں نے جواب دیا۔ "اس کی اجازت کی ضرورت نہیں۔" نسیمہ نے کہا "ہمارا یہاں رہنا سخت خطرناک ہے۔" "اگر تم اس لاش سے ڈرتی ہو تو میں بھی اس سے نفرت کرتا ہوں۔" میں نے کہا۔ "اب پھر کبھی اسے نہ دیکھوں گا۔

خاطر جمع رکھو"۔ "اگر تم وہاں نہ جاؤ گے تو وہ خود یہاں آجائے گی۔" نسیمہ نے کہا۔ "کیا خوب لاش یہاں آجائے گی۔" میں نے ہنس کر جواب دایا۔۔۔ "وہ مردہ نہیں۔ میں نے اپنی آنکھوں سے اسے زندہ دیکھا ہے۔" نسیمہ نے بے قرار ہو کر کہا۔ "یہ تمہارا وہم ہے۔" میں نے کہا ہرگز نہیں"۔ اس نے کہا" جس وقت خلیل اس سے اظہار محبت کر رہا تھا، تم نے دھیان نہیں کیا۔ اس کے لبوں پر ایک فاتحانہ تبسم کھیل رہا تھا۔ پھر جب خلیل اس کی تعریف کر رہا تھا۔ اس وقت بھی اس کی آنکھوں میں زندگی کے آثار موجود تھے۔ چنانچہ اس نے اپنی مخمور آنکھوں سے تمہیں بھی محبت کا پیغام دیا۔ اور تم بھی مجبوراً اس کی محبت کا اعتراف کرنے لگے۔" میں تھرا گیا۔ رات والی کیفیت مجھے یاد آگئی۔ نسیمہ سلسلۂ کلام جاری رکھتے ہوئے کہنے لگی۔ "شاید تم نے نہ دیکھا ہو۔ جب تم نے اس کے مقابلے میں مجھے بہترین قرار دیا تو فوراً اس کی پیشانی پر بل پڑگئے اور جب ہم باہر نکل رہے تھے تو میں نے پلٹ کر دیکھا تو اس کے تیور بگڑے ہوئے تھے۔ وہ غضبناک نگاہوں سے گھور گھور کر ہمیں دیکھ رہی تھی۔"

میں نے اس کا وہم دور کرنے کی بہت کوشش کی۔ مگر وہ اپنی بات پر اڑی رہی۔ اتنے میں خلیل بھی آگیا۔ اس کی خمار آلود آنکھوں سے صاف ظاہر تھا کہ وہ رات بھر جاگتا رہا ہے۔ میں نے نسیمہ کی علالت کا بہانہ کرتے ہوئے اس سے واپسی کی اجازت چاہی اور آخر کار اس کی انتہائی مخالفت اور ناراضگی کے باوجود ہم لوگ وہاں سے چلے آئے۔

کلکتہ سے آئے ہمیں آٹھ مہینے گزر چکے تھے کہ اچانک خلیل کی موت کا تار ملا۔ یہ تار اس کے قانونی مشیر اپدیش چندر کی طرف سے تھا۔ خلیل نے اپنا بنگلہ وغیرہ میرے نام چھوڑا تھا۔ خلیل کی موت سے مجھے بے حد صدمہ ہوا۔ اور اسی دن کلکتہ چلا گیا۔

اس کا بنگلہ دیکھ کر میرے رنج و غم میں مزید اضافہ ہوا۔ بنگلے پر پہلے سے بھی زیادہ

دل شکن نحوست چھارہی تھی۔ ایک بھیانک افسردگی اور دلگیری اداسی درودیوار سے ہویدا تھی۔ میں متوفی کے کمرے میں گیا جہاں چند ملازم اور ایک بوڑھا مولوی موجود تھا۔ جس نے تجہیز و تکفین کی آخری رسومات ادا کرنی تھیں۔ کفن کا بند کھولا گیا۔ اس کی لاش کو دیکھ کر میرے دل پر سخت چوٹ لگی۔ موت سے ہم آغوش ہوکر اس کا حسن بجائے پژمردہ ہونے کے نکھر گیا تھا۔ اس کے نقش اتنے دلکش اور تیکھے ہو رہے تھے کہ معلوم ہوتا تھا جیسے کسی دیوتا کی مورتی تراش کر کفن میں رکھی گئی ہے۔ مگر جس چیز نے مجھے زیادہ متوجہ کیا وہ ایسی علامات تھیں جو ان حنوط شدہ نوجوان کے بُشرے سے پائی جاتی تھیں۔ جنہیں گزشتہ سال میں اسی بنگلہ میں دیکھ چکا تھا۔ انہیں کی طرح اس کی نیم وا آنکھوں سے بھی بیکسی ظاہر ہوتی تھی۔ اس کے نمکین چہرے پر بھی وہی مظلومی کی جھلک اور کافوری پیشانی پر حُزن و ملال کے آثار تھے۔ اس کے کاغذی لبوں پر ایسا دردناک خم تھا۔ گویا وہ ابھی فسانۂ غم سنایا ہی چاہتا ہے۔ ملازم نے اسی دم اس کی گردن سے کفن سرکایا۔ آہ میں دھک سے رہ گیا۔ اس کی گردن پر بھی ویسا ہی چھری کا زخم موجود تھا۔ پولیس کی تحقیقات ختم ہوچکی تھی۔ اس کی موت کو خودکشی قرار دیا گیا۔ جو اس نے پتھر کی چھری سے کی تھی۔ یہ وہی چھری تھی جو پچھلے سال میں خلیل کے ڈرائنگ روم میں دیکھ چکا تھا۔ گو یہ پہلے بھی خون آلود تھی مگر اب خون بالکل تازہ معلوم ہوتا تھا۔ اس چھری کو دیکھ کر مجھے سنگِ جراحت کا وہ پیالہ بی یاد آگیا جو پچھلے سال میں نے اس چھری کے قریب پڑا دیکھا تھا۔ میں اسی وقت ڈرائنگ روم میں گیا اور پیالے کو دیکھا تو اس کی تہہ میں جمی ہوئی سرخی بھی اب تازہ تھی۔ لوگ اس کی موت کو خودکشی کہیں مگر میں اسے خودکشی کہنے کے لیے تیار نہ تھا۔

اسی ضمن میں میری ملاقات ڈاکٹر رمل بابو سے ہوئی۔ جس سے خلیل عموماً طبی

مشورہ لیا کرتا تھا۔ دورانِ گفتگو میں اس نے کہا "خودکشی سے دو ماہ پیشتر خلیل سخت بیمار ہوا۔ اور تشخیص سے معلوم ہوتا تھا کہ اس پر کسی دہشت کا اثر ہے۔ وہ مجھے کچھ کہنا چاہتا تھا۔ مگر کہہ نہ سکتا تھا۔ آخر کار ایک دن اس نے حوصلہ کر کے کہہ ہی دیا کہ رمل بابو میرے پاس ایک مصری عورت کی حنوط شدہ لاش ہے جس سے میں سخت خوفزدہ ہوں اور اس سے بچنا چاہتا ہوں۔ مگر کوئی غیر مرئی قوت مجھے زبردستی اس کی طرف کھینچ لے جاتی ہے اور یہی میری بیماری کا باعث بن رہی ہے۔ میں نے اسے صلاح دی کہ وہ لاش کو کسی عجائب خانہ میں بھیج دے۔ تاکہ لاش کو دیکھنے کا امکان ہی باقی نہ رہے۔ میرے مشورے پر اس نے وہ لاش کہیں بھیج دی لیکن اس کے بعد وہ بالکل پاگل ہو گیا۔"

ادھر اپدیش چندر کا بیان بھی کچھ عجیب و غریب تھا وہ کہتا تھا کہ خودکشی سے آٹھ دن پیشتر اس نے اسے بلا کر وصیت لکھائی۔ اس کے ہوش و حواس قائم تھے۔ تاہم وہ انتہائی خوفزدہ تھا۔ "اپدیش بابو شاید یہ ہماری آخری ملاقات ہو۔ کیونکہ مجھے عنقریب ایک روح اس دنیا سے لے جائے گی۔" یہ اس کے آخری الفاظ تھے۔ اس تحقیقات کے بعد میں کئی دن تک کھوج لگانے میں کوشاں رہا۔ مگر اس سے زیادہ کچھ معلوم نہ ہو سکا۔ نوبت بھی موجود نہ تھا۔ کیونکہ وہ خلیل کی زندگی میں ہی اپنے وطن کو جا چکا تھا۔ ورنہ اسی سے کچھ سراغ مل سکتا۔ آخر کار میرا شک یقین میں تبدیل ہو گیا کہ خلیل کی موت کا راز اس مصری حسینہ کی پراسرار لاش سے وابستہ ہے۔ اور اس راز کو سمجھنے کی میں نے بے حد کوشش کی لیکن یہ ایک ایسا معمہ تھا جس کا حل میری طاقت سے باہر تھا۔ چنانچہ میں نے مایوس ہو کر یہ خیال ترک کر دیا اور خلیل کی آخری رسومات ادا کر کے اپنے گھر چلا آیا۔

اس اندوہناک واقعہ کو ابھی بمشکل ایک ماہ ہی گزرا تھا کہ ایک رات نسیمہ خواب میں ڈر گئی۔ چونکہ خلیل والے پرہول واقعے کی یاد ابھی ہمارے دلوں میں تازہ تھی۔ اس

لیے اس خواب کو خالات کا اثر سمجھ کر کوئی اہمیت نہ دی گئی۔ مگر کچھ دن بعد جب وہ پھر خواب میں ڈر گئی تو مجھے بہت تشویش ہوئی۔ اس دفعہ وہ انہتائی خوفزدہ تھی۔ اسے خواب میں اس مصری حسینہ کی لاش بھی دکھائی دی۔ اس خواب کا اس پر ایسا برا اثر ہوا کہ وہ بیمار رہنے لگی اور روز بروز اس کی صحت گرتی گئی۔ اس عرصہ میں میں نے اس کے علاج میں کوئی دقیقہ فروگذاشت نہ کیا لیکن کچھ فائدہ نہ ہوا۔

خوش قسمتی سے انہی دنوں مسٹر سعید جو میرا قریبی رشتہ دار تھا ولایت سے ڈاکٹری پاس کرکے آیا۔ اس نے نسیمہ کا معائنہ کرکے بتایا کہ کوئی زہریلی خوراک کھانے سے اس کی صحت خراب ہو رہی ہے۔ چنانچہ وہ بہت تندہی سے اس کا علاج کرتا رہا۔ اسے کئی قسم کے باتھ اور انجکشن دیے گئے۔ رنگین شعاعوں کا عمل بھی ہوتا رہا۔ پھر بھی وہ صحت یاب نہ ہوسکی۔ ایک دن سعید نے مجھے ہدایت کی کہ اس کی خوراک وغیرہ کا خاص خیال رکھوں۔ اس کا خیال تھا کہ ابھی تک تھوڑی تھوڑی مقدار میں زہر اس کے اندر جا رہا ہے۔ جب اس احتیاط کے باوجود بھی افاقہ کی صورت دکھائی نہ دی تو اس نے مایوس ہوکر کہا "ممتاز میں تمہیں زیادہ دیر لاعلمی میں رکھنا نہیں چاہتا۔ نسیمہ کی زندگی خطرے میں ہے۔ اسے برابر زہر دیا جا رہا ہے۔ اور میں نہیں جانتا کہ یہ عجیب قسم کا زہر ہندوستان میں کیسے آیا۔ کیونکہ یہ زہر مصری چھپکلی کے پتے سے نکلتا ہے۔ یہ انسان کو یکدم ہلاک نہیں کرتا بلکہ آہستہ آہستہ اپنا کام کرتا ہے۔" سعید کے منہ سے یہ الفاظ سن کر میں دہل گیا۔ میں نے خلیل کی موت اور حنوط شدہ لاش کی شیطانی قوت کا سبب واقع اس کے گوش گداز کر دیا۔ "میں نہیں کہہ سکتا۔ ان واقعات میں کہاں تک صداقت ہے۔" سعید نے کہا۔ "تاہم یہ ضرور مشورہ دوں گا کہ نسیمہ کو مصر لے جاؤ۔ وہاں کے ڈاکٹر ضرور اس زہر کا تریاق جانتے ہوں گے۔ شاید وہ اسے اچھا کرسکیں۔"

سعید کی گفتگو سے صاف ظاہر تھا کہ نسیمہ کا مرض لاعلاج ہے۔ میں بے اختیار پھوٹ پھوٹ کر رونے لگا۔ سعید نے مجھے تسلی دی اور اپنی ہمدردانہ باتوں سے میرا حوصلہ بڑھایا۔ دنیا بامید قائم ہے۔ میں آخری بار قسمت آزمائی کرنے کو تیار ہو گیا۔ اس مصیبت میں سعید نے میری بہت مدد کی۔ اس نے اپنے ایک مصری دوست عمر آفندی کے نام (جس نے اس کے ساتھ ہی ڈاکٹری پاس کی تھی) چٹھی لکھی کہ میرا ایک عزیز اپنی بیوی کے علاج کے لیے مصر آرہا ہے۔ اس کی امداد میں کوتاہی نہ کی جائے۔ چنانچہ اسی مہینے کے اخیر میں ہم لوگ اپنے وطن سے روانہ ہو گئے۔

عمر آفندی نہایت نیک دل، مہمان نواز اور مشفق دوست ثابت ہوا۔ اس نے ہماری تنہائی اور غریب الوطنی کا خیال کرتے ہوئے نہ صرف اپنی کوٹھی کے ایک حصے میں کچھ کمرے دے رکھے تھے۔ بلکہ اس کی نیک نفسی نے یہ بھی گوارانہ کیا کہ ہم کھانے کا انتظام ہی علیحدہ کریں۔ اس کی خوش اخلاقی اور خلوص نے ہمیں گرویدہ کر لیا۔ مصر کی معتدل آب و ہوا اور عمر آفندی کی قابل قدر کوششوں سے نسیمہ تین مہینے کے اندر اندر تندرست ہو گئی۔ مگر عمر آفندی کی ہدایت کے مطابق ابھی کچھ عرصہ ہمیں یہاں اور ٹھہرنا تھا۔

انہی ایام میں یکایک مجھے ایک عجیب عارضہ لاحق ہو گیا۔ یعنی رات کو نیند مجھ سے کوسوں دور ہو جاتی اور میں بے چینی سے کروٹیں بدلتا رہتا۔ میں اکثر خیال کرنے لگتا۔ شاید میری کوئی چیز گم ہو گئی ہے۔ میں اس چیز کو حاصل کرنا چاہتا تھا۔ مگر معلوم نہ تھا وہ چیز کیا ہے۔

ایک دن آدھی رات کو ایک ناقہ سڑک پر گزرا اس کے گلے کی گھنٹیوں کی صدا مجھے اس قدر پیاری معلوم ہوئی کہ میں نے محسوس کیا۔ میں اسی چیز کی تلاش میں تھا۔ وہ آواز

مجھے اپنے اندر جذب کرنے لگی۔ میں نے ارادہ کیا کہ اس ساربان کے ساتھ کہیں چلا جاؤں۔ اس دن سے روزانہ وہ ناقہ آدھی رات کو سڑک پر سے گزرنے لگا۔ میں گھنٹوں اس آواز کا منتظر رہتا جونہی وہ سہانی صدا میرے کان میں پڑتی میں ایک مسرت آگیں خواب میں محسور ہو جاتا۔ رفتہ رفتہ یہ صدا میری زندگی کا جزو بن گئی اور نہ جانے کس طرح میں نے ساربان سے دوستی بھی پیدا کرلی۔ اس گھنٹی کی صدا سنتے ہی میں فوراً سڑک پر پہنچ جاتا اور اس سے باتیں کیا کرتا۔ اس کی باتیں کچھ ایسی دل کش اور پیاری تھیں کہ میرا دل مسرت سے لبریز ہو جاتا اور میری روح ایک لذت انگیز نشہ میں سرشار ہو جاتی۔ میں نہیں کہہ سکتا کہ وہ کس قسم کی باتیں ہوتیں جن سے میں اتنا مسرور ہوتا۔ کیونکہ اس کے جانے کے بعد مجھے وہ باتیں ایک بھولا ہوا خواب معلوم ہوتی تھیں۔ میں اس کی ساتھ کسی نامعلوم اور پرسکون دنیا میں جانا چاہتا تھا مگر اسے دیکھ کر میری زبان پر مہر لگ جاتی اور اعضاء بے حس و حرکت ہو جاتے۔ میں اس پر اپنی دلی کیفیت کا اظہار نہ کر سکتا تھا۔ جب وہ آگے بڑھ جاتا تو میں ناقہ کے نقش پا پر وحشیانہ انداز سے دوڑنے لگتا اور تھک جانے پر جب اس محسور کن رنگین خواب سے ہشیار ہوتا تو میری بہت بری حالت ہوتی۔ ساربان کی پر حلاوت باتوں سے میرا دل ایسا مسخر ہوتا کہ مجھے دنیا کی کسی چیز سے دلچسپی نہ رہی۔ میں نسیمہ کو اب بھی خوش رکھنے کی کوشش کرتا۔ مگر مجبوراً۔ عمر آفندی سے اب بھی میرے دوستانہ تعلقات تھے مگر خالی از خلوص۔ عمر آفندی نے میری اس کیفیت کو خاص طور پر محسوس کیا وہ مجھے پہروں ٹکٹکی باندھے گھورا کرتا اور میرے حرکات و سکنات کی سختی سے نگرانی کرتا۔ آخر کار اس نے میرے سحر زدہ انقلاب کا خوگر ہو کر میرا خیال بالکل چھوڑ دیا۔ عمر آفندی کو ان دنوں گھوڑوں کا خبط سمارہا تھا اس نے کئی اعلیٰ نسل کے گھوڑے خریدے جن میں ایک عربی نسل کا سبک خرام اور شاندار گھوڑا عوف نامی اسے بہت

محبوب تھا۔ نسیمہ بھی اس کے اس شغل میں شامل تھی۔ وہ ان گھوڑوں کی دیکھ بھال میں گہری دلچسپی لیتی۔ موسم خزاں کی مضطرب راتیں اور قمری مہینے کی سترھویں تاریخ تھی۔ زوال پذیر چاند کے رخ روشن پر ہوائیں اڑ رہی تھیں۔ فلک نشین اور درخشاں ستاروں کا رنگ فق ہو رہا تھا۔ چاندنی کسی حسین بیوہ کی طرح سوگوار تھی۔ اس اداس چاندنی کے سائے میں تمام صحرا کفن پوش دکھائی دیتا تھا۔ ٹھنڈی ریت کے پامال شدہ ذرات سے پراگندہ فضا میں پریشان ہوا کے ستائے ہوئے جھونکوں کے ساتھ ارواحِ خبیثہ کے ماتمی نغمے گونج رہے تھے۔ دریائے نیل کی بدمست لہریں نہایت انتشار کے ساتھ ہر ایک کے سامنے تاریخ مصر کو دہراتی ہوئی رواں دواں تھیں۔

آج میں بہت بے تاب تھا۔ میں نے تہیہ کرلیا کہ اپنے صحرائی دوست سے التجا کروں گا کہ وہ مجھے اس عزلت کدہ سے نکال کر کسی دل آویز فردوسی دنیا میں لے جائے۔

وقت مقررہ پر جب ناقہ کی گھنٹیوں کی سریلی صدا میرے کانوں میں پڑی تو میں دیوانہ وار باہر نکل آیا۔ نہ جانے میرے دل میں کیا آرزو تھی۔ میں اس سے کیا کہنے والا تھا۔ مگر اسے دیکھ کر میری زبان بند ہوگئی۔ میں نے بے اختیار بازو پھیلا دیے وہ ایک لمحہ کے لیے رکا پھر اس نے ایک چھوٹی سی رسی کی سیڑھی میری طرف پھینکی اور میں بے تابی سے ناقہ پر سوار ہوگیا۔

میں ایک سرور کی حالت میں کجاوے پر بیٹھا تھا۔ گھنٹیوں کی مترنم ریر صدا میرے سازِ دل کی تاروں کو چھیڑ رہی تھی۔ میں خوشیوں کی لامحدود اور شاندار لہروں میں سما رہا تھا اور ناقہ برق رفتاری سے چل رہا تھا۔

نہ جانے ناقہ کب تک یونہی چلتا رہا۔ یکا یک ایک بڑے گھنٹے کی آواز دور سے سنائی دینے لگی، جسے سنتے ہی میں اچھل پڑا۔ میری روح سمٹ کر آنکھوں میں آگئی اور سینے میں

جذبات کا طوفان امڈنے لگا۔ میں اس جگہ جانے کے لیے بے تاب ہو گیا۔ جہاں سے وہ دلنواز اور اچھوتی صدا بلند ہو رہی تھی۔ ناقہ اب چھوٹی چھوٹی گھاٹیوں کو عبور کر کے ایک عظیم الشان وادی میں داخل ہونے والا تھا۔ کہیں دور جھلملاتی ہوئی برقی روشنی میں فلک شکوہ اہرام کی چوٹیاں دکھائی دے رہی تھی۔

ناقہ یک دم گھاٹی کے نیچے ایک شگاف کے سامنے رک گیا۔ یہاں چار آدمی ہاتھوں میں مشعلیں لیے ہمارے منتظر تھے۔ میں اسی بے تابی سے نیچے اترا۔ یہ شگاف دراصل ایک غار تھا۔ میں ان لوگوں کے ہمراہ اس میں داخل ہوا۔ مگر اندر قدر رکھتے ہی گھنٹے کی صدا بند ہو گئی اور یکلخت اس سحر زدہ مدہوشی سے بیدار ہو کر میں نے گردوپیش کے مناظر پر نظر ڈالی۔ "شاید میرا صحرائی دوست مجھے کسی خفیہ خزانے کا راز بتانے والا ہے۔" میں نے دل میں کہا غار میں ایک لمبا اور نیچا راستہ تھا جس کے ذریعہ ہم کسی تہ خانے میں اتر رہے تھے۔ حتی کہ غار کے اختتام پر پہنچ کر ہم رک گئے۔ یہ جگہ اتنی تاریک تھی کہ مشعل کی روشنی بھی کام نہ دے سکتی تھی۔ میں نے چاروں طرف آنکھیں پھاڑ پھاڑ کر دیکھنے کی کوشش کی مگر کچھ دکھائی نہ دیا۔ یہاں کسی نامعلوم جگہ سے ایک مدھم سے ساز کی آواز آرہی تھی۔ یہ ساز بالکل ویسا تھا جیسا کہ خلیل کے گھر میں نوت بجایا کرتا تھا۔ اس آواز سے مجھ پر وحشت طاری ہو گئی اور کسی نامعلوم خطرے کا احساس ہونے لگا۔ مگر میں وحشیوں کے نرغے میں تھا، بچاؤ کی صورت ہی نہ تھی۔

یکلخت اندھیرے میں ایک چور دروازہ کھلا، وہ لوگ مجھے ایک فراخ و آراستہ کمرے میں لے گئے جو روغن زیتون کے چراغوں سے جگمگا رہا تھا۔ کمرے میں چاروں طرف شہ نشین بنے تھے۔ جن پر کئی تابوت قرینے سے رکھے گئے تھے۔ جابجا طلائی و نقرئی انگیٹھیوں میں چندن اور عود سلگ رہا تھا۔ کمرے کے وسط میں الاؤ کے گرد بیس بائیس

غیر مہذب صحرائی کسی خاص زبان میں کوئی منتر گا رہے تھے۔ اور ان میں ایک آدمی کسی انوکھی طرز کا ساز بجا رہا تھا۔ ساز بجانے والے کو میں نے فوراً پہچان لیا، وہ نوتؔ تھا۔

مجھے دیکھتے ہی سب نے ایک نعرہ لگایا۔ صحرائی مجھے شہ نشین پر لے گیا۔ جہاں سونے کی ایک چوکی رکھی تھی جو عقاب کی مورتی کے پروں پر بنائی گئی تھی۔ مجھے اس پر بٹھا دیا گیا۔ اور ایک شخص نے کوئی نہایت خوشبودار سفوف میرے بدن پر ملنا شروع کیا جس کے بعد مجھے چند بہت وزنی طلائی زیور پہنائے گئے۔ پھر ایک طلائی مکٹ میرے سر پر رکھا گیا جو سانپ کی شکل کا بنا ہوا تھا۔۔۔ غرض یہ کہ مجھے کسی قدیم شاہانہ طریقے سے سجایا گیا۔ بعد ازاں سب نے مل کر کسی خاص زبان میں خاص طریقے سے میری پوجا کی۔ پوجا کے بعد وہ سب دوبارہ الاؤ کے قریب جا کر اپنی مذہبی عبادت میں مصروف ہو گئے۔ نوت شہ نشیں کے نیچے میرے پاؤں کے قریب بیٹھ کر اس منحوس ساز کو پوری قوت سے بجانے لگا اور صحرائی نے قریب رکھے ہوئے ایک تابوت کا ڈھکنا اٹھایا۔

تابوت میں رکھی ہوئی کسی لاش کے دونوں ہاتھ اوپر کو اٹھے۔ اور پھر آہستہ آہستہ وہ لاش انگڑائیاں لیتی ہوئی اٹھ کر بیٹھ گئی۔ لاش کو دیکھ کر میرا رہا سہا خون بھی خشک ہو گیا۔ کیونکہ یہ لاش اسی پر اسرار حسینہ کی تھی جسے میں خلیل کے گھر دیکھ چکا تھا۔ اب وہ حیرت انگیز طور پر زندہ تھی۔ وہ ایک شاہانہ تمکنت کے ساتھ تابوت سے باہر نکلی اور عجیب ناز و انداز سے خراماں خراماں میرے پاس آ کھڑی ہو گئی۔

میں انتہائی دہشت سے چیخنے لگا" کم بخت! ڈرتا کیوں ہے؟" صحرائی نے حقارت سے کہا۔ "ایسی باعزت موت تو کسی خوش قسمت کو ہی میسر ہوتی ہے۔"

نوت نے کہا" وقت زیادہ ہو گیا ہے۔ اس کے سامنے دیوی کا مقدس عود دوہرا کر یہ رسم جلدی ادا کر دینی چاہیے۔"

صحرائی لاش کے پاس باادب کھڑا ہو کر کہنے لگا "سُن اے ہندی آج سے کئی ہزار سال پیشتر فراعنہ مصر میں سے ہارہب نامی ایک جلیل القدر بادشاہ تھا۔ جو اپنے عقیدے کا پکا اور مذہب کا زبردست حامی تھا۔ اس کی ایک حسین اور عالی وقار بیٹی تھی جسے وہ بہت چاہتا تھا۔ شہزادی کا نام مریستار تھا اس کے حسن کا تمام ملک میں شہرہ تھا کئی عالی مرتب شہزادے اور والیان ملک اس کے خواہان تھے۔ سینکڑوں بہادر اور رنگیلے درباری اس کی محبت میں دیوانے ہو رہے تھے۔ ہر نوجوان کے سر میں اس کا سودا تھا۔ مگر شہزادی کا نظریہ دنیائے مختلف تھا وہ مردوں کو نفرت کی نگاہ سے دیکھتی اور خصوصاً عشاق کے ساتھ نہایت حقارت آمیز سلوک کرتی۔ وہ عابدہ اور زاہدہ ہونے کے علاوہ اپنے باپ کی طرح مذہب کی دلدادہ تھی۔ اسی مذہبی دیوانگی کی وجہ سے وہ سولہ سال کی عمر میں خدائے رع کے معبد میں راہبہ بن گئی۔ اس نے اپنے مذہبی طریقے پر قسم اٹھا کر اعلان کر دیا کہ اب وہ مذہباً یا قانوناً کسی مرد کی نہیں ہو سکتی۔ دو سال کے اندر اندر اس نے اتنی روحانی ترقی کی کہ اس کی عظمت کا سکہ عوام الناس کے دلوں پر بیٹھ گیا۔ اس کی زبان میں ایسی تاثیر پیدا ہو گئی کہ جو کچھ وہ زبان سے کہتی پورا ہو جاتا۔ یعنی اسے ایک دیوی کا رتبہ حاصل ہو گیا۔"

لیکن جب وہ اس منزل میں تھی تو خدائے رع نے اس سے ایک کڑی آزمائش چاہی۔ اسے ایک ایسا غیر متوقع معاملہ پیش آیا کہ ارادے متزلزل ہو گئے۔ اس کو صحیح راستہ سے بہکانے والا نارمر تھا۔ یہ نوجوان خدائے رع کے عقیدت مندوں میں سے تھا جو تھوڑے ہی دنوں سے معبد میں وارد ہوا تھا۔"

نارمر خوبصورتی اور بانکپن کی زندہ مثال تھا۔ اس کی آواز میں مٹھاس تھی۔ جب وہ خدائے رع کی بارگاہ میں اس کی عظمت کے گیت خلوص دلی اور خوش گلوئی سے گاتا، تو مریستار کے دل پر اس کا خاص اثر ہوتا۔ محبت و مسرت سے معمور نغمے اس کی روح کی

شگوفہ (افسانے)   مسز عبدالقادر

لطافتوں سے ہم کنار ہوتے اور کسی نامعلوم جذبے سے اس کا دل دھڑکنے لگتا۔"

رفتہ رفتہ مریستار کو معلوم ہونے لگا کہ وہ اپنا مقدس دل نارمر کی نذر کر چکی ہے۔ وہ اکثر عشق و محبت کے رنگین اور شیریں خوابوں میں مدہوش رہنے لگی اور اس کا دل گناہ کی آلودگیوں سے ملوث ہونے لگا۔ گو اس نے نارمر سے بچنے کی بہت کوشش کی۔ لیکن اس کی خوش نما پیکر میں کچھ ایسی کشش تھی جس کے آگے شہزادی مریستار جیسی مستقل مزاج اور غیور عورت کو جھکنا پڑا۔ اس نے اپنی قسم توڑ کر اپنے آپ کو نارمر کے حوالے کر دیا۔

"شہزادی کا یہ ناجائز عشق کچھ زیادہ دیر تک قائم نہ رہ سکا۔ نارمر اسے چھوڑ کر کسی دوسرے شکار کی تلاش میں پھرنے لگا۔ مریستار کو اپنی ناکامی کا سخت صدمہ ہوا۔ اس نے دوبارہ خدائے رع کی بارگاہ نیاز میں پناہ لینا چاہی۔ مگر اب وہ معتوب تھی۔ خدائے رع کے مذہبی قانون کے مطابق اسے اپنے محبوب کا خون پینا ضروری تھا۔ چنانچہ وہ ایک دن کسی طریقے سے اپنے بے وفا عاشق کو معبد میں لائی اور اس کی شاہ رگ کا خون نکال کر پیا۔ اس قربانی سے اسے پھر دیوی کا رتبہ مل گیا۔ لیکن نارمر کی موت نے اس کا دل توڑ دیا۔ اور اس نے اپنا دل بہلانے کی خاطر یہ طریقہ اختیار کیا کہ ہر سال وہ ایک نیا عاشق تلاش کرتی اور کچھ عرصہ عشق بازی کرکے پھر نارمر کی طرح اس کا خون پی کر خدائے رع کی خوشنودی حاصل کر لیتی۔ ان متعدد قربانیوں سے خدائے رع اس پر بہت مہربان ہوا۔ شہزادی کا روحانی اقتدار اتنا بڑھا کہ اس کی بھی پرستش ہونے لگی۔ چنانچہ اس نے اظہار شکریہ کے طور پر خدائے رع کے حضور میں وعدہ کیا کہ وہ ایسی قربانیاں ہمیشہ کیا کرے گی۔ اور اس نے اپنی زندگی میں اس عہد کی پابندی سختی سے جاری رکھی۔ ہمارے بزرگانِ سلف اس دیوی کے پجاری تھے۔ تیس سال کی عمر میں جب وہ سفر آخرت کرنے لگی تو اس

نے اپنے بڑے پجاری کو ایک ایسا طریقہ سکھایا جس کے ذریعہ وہ پس مرگ بھی عشاق کی قربانی کا یہ سلسلہ جاری رکھ سکتی تھی۔ غرض یہ کہ وہ اس خاص طریقے سے مر کر بھی خوش رو نوجوان سے محبت کر کے ان کا خون پیتی رہی۔ اس زمانے کو صدیاں گزر گئیں۔

ملک میں کتنے انقلاب ہوئے۔ کئی نئے نئے مذہب دنیا میں آئے۔ رفتہ رفتہ لوگوں کے عقیدے کمزور ہوتے گئے۔ حتی کہ خدائے رع کا دین اس دنیا سے بالکل نابود ہو گیا اور یہ معبد جو اس دیوی کی آخری آرام گاہ تھا لوگوں کی نظروں سے روپوش ہو گیا اور اس زمانہ کی سچی باتیں صرف روایتیں بن کر رہ گئیں۔ اقدارِ زمانہ سے پجاریوں کا اقتدار خاک میں مل گیا۔ ہمارے بزرگانِ سلف مفلسی میں مبتلا ہو کر خانہ بدوشی پر مجبور ہو گئے اور اس عرصہ دراز کی صحرائی زندگی نے انہیں بالکل وحشی بنا دیا۔ میرا باپ نوت بچپن ہی سے اپنے بزرگوں کے قدیم مذہب کی طرف راغب تھا، وہ ان خداؤں کی پرستش کیا کرتا جن کے نام وہ کبھی اپنی بڑی بوڑھیوں سے سن چکا تھا۔ اس پرانے عقیدے کی برکت سے میرے باپ کو عالم رویا میں اس دیوی کی زیارت ہوئی۔ اس نے اسے اپنی آخری آرام گاہ کا پتہ دے کر اپنے مقدس عہد سے بھی آگاہ کیا اور وعدہ کیا کہ اگر وہ یا اس کی قوم اس کے بتائے ہوئے طریقے سے قربانی کا سلسلہ دوبارہ قائم کرے گی تو وہ لوگ خوش حال ہو جائیں گے۔ عہد گزشتہ کی اور بھی کئی باتیں میرے باپ کو الہامی طریقے پر معلوم ہوئیں۔ اس طرح میرے باپ نے اس معبد کا کھوج تو لگا لیا لیکن قربانی کے واسطے نوجوانوں کو مہیا کرنا سخت خطرناک تھا کیونکہ اس طرح حکومت اس معبد کا برامدگی سے مطلع ہو کر اسے اپنے قبضے میں لے سکتی تھی۔ اس لیے انتہائی سوچ بچار کے بعد میرے باپ نے نوجوان سیاحوں کو پھانسنے کا فیصلہ کیا اور دیوی کے حضور میں کامیابی کی دعا مانگی۔ اسی رات پھر میرے باپ کو الہام ہوا اور دیوی نے اسے ایک خاص منتر بتایا۔ سو جب

کبھی میرا باپ کسی سیاح کو قربانی کے واسطے منتخب کرتا تو راتوں کو اس معبد میں اس کی صورت کا تصور کرکے دیوی کے بتائے ہوئے منتر کا ورد کرتا جس کے اثر سے سیاح کا دل اس ناقہ کی گھنٹیوں سے تسخیر ہو جاتا۔ میں اسی غرض سے اس طرف لے جایا کرتا تھا اور وہ ایک دن اسی ناقہ کے ذریعے یہاں پہنچ کر دیوی کے عشق میں گرفتار ہو جاتا۔ حتی کہ سال کے اختتام پر اس کی قربانی کر دی جاتی۔"

اس طریقے سے کئی سال تک قربانی کا سلسلہ جاری رہا۔ لیکن آج سے دو سال پیشتر ایک ہندی سیاح نے جس کا نام خلیل تھا نہ جانے کس طرح اس معبد کا سراغ لگالیا۔ اس نے حکومت کو مطلع کرنے کی دھمکی دے کر میرے باپ سے دیوی کی لاش خریدنا چاہی۔ میرا باپ شش و پنج میں پڑ گیا۔ نہ تو وہ دیوی کی لاش کو فروخت کر سکتا تھا اور نہ ہی اس سے پیچھا چھڑا سکتا تھا۔ کیونکہ اس کے آنے سے چند دن پیشتر سفید قوم کے ایک نوجوان کا خون پیا جا چکا تھا اور سال ختم ہونے سے پیشتر اس کی قربانی جائز نہ تھی۔ میرا باپ تفکرات میں گھر گیا۔ اس کی سمجھ میں نہ آتا تھا کہ یہ گتھی کیونکر سلجھائی جائے۔ اسی حالت میں اسے دیوی نے حکم دیا کہ اس کی لاش خلیل کو دے دی جائے اور آئندہ سال قربانی بھی غیر ملک میں ہی عمل پذیر ہو۔ چنانچہ دیوی کی لاش کے علاوہ اس کے عشاق میں سے نارمر اور ایک شہزادے کی لاش بھی مع چند نادر اشیا کے اس کے حوالے کرنا پڑیں۔ ان لاشوں کی قیمت میں اس نے ہمیں اتنا زر نقد دیا کہ ہمارا کنبہ خوش حال ہو گیا۔"

خلیل دیوی کو کلکتے لے گیا اور میرے باپ کو قربانی کی رسومات ادا کرنے کے لیے اس کے ساتھ جانا پڑا۔ خلیل پر دیوی کے عشق کا بہت بُرا اثر ہوا۔ اور ایام قربانی کے قریب وہ سخت بیمار ہو گیا۔ آخر کار دو ایک ڈاکٹر کے کہنے پر دیوی کی لاش کو مصر کے عجائب خانہ میں بھجوا دینے پر آمادہ ہو گیا۔ نوت کے پاسپورٹ وغیرہ کا انتظام کرکے اس کو

برطرف کر دیا گیا اور لاشوں کو بھی بذریعہ جہاز مصر روانہ کر دی۔ مگر دیوی کی روحانی طاقت کامیاب رہی۔ یعنی مال گودام والوں کی غلطی سے دیوی کی لاش جہاز پر لادی نہ گئی اور دوسرے جہاز کی روانگی تک وہ مال گودام میں پڑی رہی۔ اس عرصہ میں میرا باپ لاش کی خفیہ طور پر نگرانی کرتا رہا۔ حتی کہ قربانی کی مقدس رات آپہنچی۔ نوت نے اپنے منتروں سے دیوی کو مال گودام میں ہی جگایا۔ جو نوت کے ہمراہ خلیل کے گھر گئی اور قربانی کی رسم ادا کر کے اپنے تابوت میں واپس آگئی۔ اسی صبح کو دوسرا جہاز روانہ ہونے والا تھا۔ جس کے ذریعے یہ دوبارہ مصر میں آگئی اور ہم لوگ عجائب خانہ میں اس لاش کے بدلے ایک اور لاش رکھ کر اسے چرالائے۔ اب میرے باپ کو آیندہ سال کی قربانی کے واسطے پھر فکر لاحق ہوئی تو دیوی نے اسے بتایا کہ آئندہ سال کے لیے وہ نوجوان منتخب ہو چکا ہے۔ جو اسے خلیل کے گھر دیکھنے آیا تھا۔ مگر تم دور تھے۔ اس لیے تمہارے یہاں لانے کے لیے باپ کو سخت محنت کرنا پڑی۔ وہ پورے دس ماہ منتر جپتا رہا تا کہ تم نیند کی حالت میں روزانہ اپنی بیوی کو چھپکلی کے پتے کا زہر دے کر ہلاک کر دو۔ چونکہ خلیل کے گھر تم نے باوجود دیوی کی محبت کا اقرار کرنے کے بیوی کی خوشنودی کے لیے اسے دیوی سے بہتر قرار دے کر دیوی کی توہین کی تھی۔ اس لیے وہ تمہاری بیوی کو ہلاک کر کے اپنے انتقام کی آگ بجھانا چاہتی تھی۔ وہ زہر جو تم اپنی بیوی کو حالت نوم میں دیا کرتے تھے وہ ان چند مصری نادر اشیا میں موجود تھا جو تمہیں خلیل کے ورثہ میں ملی تھی۔ لیکن تمہاری بیوی کی زندگی باقی تھی۔ تم اسے اپنے ساتھ مصر لے آئے۔ وہ اس زہر کا تریاق استعمال کرنے سے بچ گئی۔ اسی تگ و دو میں سال ختم ہو گیا۔ آج قربانی کی مقدس رات ہے لہٰذا تم جواں مردی سے قربانی کے واسطے تیار ہو جاؤ۔"

عالم یاس میں میں نے سب باتیں سنیں، کبھی کبھی مجھے خیال آتا کہ میں کوئی

خوفناک خواب دیکھ رہا ہوں۔ میری حالت سخت خراب ہو رہی تھی۔ گو میں زندہ تھا مگر مردوں سے بدتر۔ نوت نہایت خلوص و عقیدت سے اپنے کام میں مصروف تھا۔ صحرائی جھٹ ایک سنگِ جراحت کا پیالہ اور ایک پتھر کی چھری اٹھا لایا۔ آہ یہ ویسا ہی پیالا اور ویسی ہی چھری تھی جیسا کہ میں خلیل کے گھر دیکھ چکا تھا۔ شدت خوف سے میں تشنج کے مریض کی طرح اکڑ کر رہ گیا۔

صحرائی نے چھری اس لاش کے ہاتھ میں دے دی اور پیالے کو میری گردن کے قریب لگا دیا۔ لاش میرے قریب تر آ گئی۔ حتیٰ کہ اس کے کپڑے میرے ہاتھوں کو چھونے لگے۔ اس کا چھری والا ہاتھ آہستہ آہستہ میری گردن کی سیدھ پر اٹھا۔ میرے حواس جواب دینے لگے، کمرہ گھومتا ہوا دکھائی دینے لگا۔ میں نے مایوسی سے آنکھیں بند کر لیں۔

قریب تھا کہ میرے قلب کی حرکت بند ہو جائے۔ یکایک ایک زبردست دھماکا ہوا۔ دنادن! دنادن! کی آواز سے کمرے میں ایک خوفناک گونج پیدا ہوئی اور مجھ پر ایک پرسکون غنودگی طاری ہو گئی۔

کچھ دیر بعد جب میں اس مرگ نما غنودگی سے ہوشیار ہوا تو عمر آفندی اپنے رومال سے مجھے ہوا دیتا ہوا دکھائی دیا۔ میں گھبرا کر اٹھ بیٹھا۔

کمرے میں بدستور شمعیں روشن تھیں۔ آگ کا آلاؤ جل رہا تھا مگر آدمی سب غائب تھے۔ قریب ہی صحرائی کی نعش پڑی تھی اور سنگِ جراحت کا پیالہ گر کر چور ہو چکا تھا۔ میں بے تحاشا چیخیں مارتا ہوا عمر آفندی سے چمٹ گیا۔ اس کی تسلی آمیز باتوں سے مجھے بہت کچھ ڈھارس ہوئی۔ میں نے اپنے حواس درست کر کے اطمینان سے اپےل گردوپیش دیکھا۔ آہ! شہ نشین کے قریب ایک ایسا نظارہ میری نظر سے گزرا کہ ایک دفعہ

پھر اضطرابی کیفیت سے میری حالت غیر ہونے لگی۔ لیکن عمر آفندی نے مجھے سنبھال لیا۔

نوت اسی طرح شہ نشین کے سہارے بیٹھا تھا اور مریشار کی لاش اپنی باہیں اس کے گلے میں حائل کیے اس کی آغوش میں پڑی تھی۔ پتھر کی چھری نوت کی شہ رگ میں پیوست تھی اور خون کے بہتے ہوئے شراٹے لاش کے نیم وا دھن میں کر رہے تھے۔ وہ دم توڑ رہا تھا۔

عمر آفندی کے آدمیوں نے اس لاش کو نوت کی آغوش سے علیحدہ کرنا چاہا۔ مگر اس نے اشارے سے روک دیا اور سسکتی ہوئی آواز میں کہنے لگا" مجھے اس سے جدا نہ کرنا۔ میں اس معبود کی آخری قربانی ہوں۔ آہ میں پہلے دن سے ہی اس کی محبت میں اسیر ہو گیا تھا۔ لیکن جان کے خوف سے آج تک اپنے عشق کا اظہار نہ کر سکا۔ میرا خیال تھا کہ یہ راز اس پر کبھی ظاہر نہ ہو گا۔ مگر وہ عالم الغیب تھی اس سے پردہ داری فضول تھی۔ آج میں اس کی عظمت و جبروت کی گواہی دیتا ہوں۔ وہ بلاشبہ دیوی تھی جس نے اپنے سچے عاشق کے دل کی ترجمانی کر کے اس کی قربانی قبول کی۔ اب میں خوشی کی موت مر رہا ہوں۔" یہ کہتے ہوئے اس کی آواز بند ہو گئی۔ وہ ختم ہو چکا تھا۔

عمر آفندی کے ایما پر اس کے آدمیوں نے شکستہ تابوتوں کی روغنی تختیوں کو جمع کر کے نوت اور مریستار کی لاشوں کو جلا دیا اور راکھ بھسم ہو جانے پر جب ہم اس منحوس تہ خانے سے باہر نکلے تو صبح صادق کے نورانی پرتو سے شب کی روسیاہی ہی ڈھل چکی تھی۔

کئی دن تک اس خوفناک واقعہ کا اثر میرے دل پر قائم رہا۔ رفتہ رفتہ جب میرے دل کو قرار ہوا تو میں نے عمر آفندی سے بروقت امداد کے متعلق دریافت کیا۔ اس نے کہا جب تم مصر میں آئے تھے تو سعید نے مجھے ایک چٹھی لکھی تھی۔ جس میں اس نے مصری لاش کا ذکر کر کے لکھا کہ کہیں تم خود نسیمہ کو زہر نہ دے رہے ہو۔ سو اس کے علاج کے

علاوہ اسے تم سے بچانے کی بہت کوشش کی گئی۔ چنانچہ اس طریق عمل سے وہ موت کے منہ سے بچ گئی۔ مجھے سخت حیرت تھی کہ باوجود اتنی محبت کے تم یہ فعل کیوں کر رہے تھے اور مجھے یہ راز معلوم کرنے کی بہت خواہش تھی۔ کچھ دن بعد نسیمہ نے مجھے بتایا کہ تم اکثر راتوں کو اپنی خواب گاہ سے غائب ہو جاتے ہو۔ میں تمہاری نگرانی کرنے لگا۔ جس سے بہت جلد میں نے معلوم کر لیا کہ تمہیں نیند کی حالت میں چلنے پھرنے کا عارضہ لاحق ہے۔ اب یہ راز تو حل ہو چکا تھا۔ مگر تمہاری یہ حالت دیکھ کر مجھے بہت تشویش ہوئی اور تمہاری لاعلمی میں تمہارا علاج کر تا رہا۔ رفتہ رفتہ مجھے یہ بھی معلوم ہوا کہ تم ایک بادر فتار ناقہ کے انتظار میں سڑک پر کھڑے رہتے ہو۔ اور اکثر اوقات اس کے پیچھے اس قدر تیزی سے دوڑتے ہو کہ تمہارا تعاقب محال ہو جاتا ہے۔ اسی غرض سے میں نے چند برق رفتار گھوڑے خریدے جن پر میں تمہارا تعاقب کرکے دیکھ سکوں کہ تم کہاں جاتے ہو۔ چنانچہ قربانی کی رات جب تم ناقہ پر سوار ہو کر کہیں جا رہے تھے تو میں نے اپنے دونوں سائیسوں کو پیچھے آنے کا حکم دے کر اپنے گھوڑے عوف پر تمہارا تعاقب کیا۔ ناقہ جادو کے اثر سے اس قدر تیز چل رہا تھا کہ تعاقب کرنا مشکل ہو گیا۔ تاہم میں گھنٹی کی آواز پر گھوڑے کو سرپٹ دوڑاتا ہوا وہاں تک پہنچ گیا۔

اتنے میں میرے سائیس بھی مجھے آ ملے اور کافی دیر تک ہم لوگ دروازے کی تلاش میں اس غار کے اندر سرگرداں رہے۔ آخر کار بڑی مشکلوں سے ہمیں ایک چور دروازے کا سراغ ملا اور جب ہم لوگ اندر داخل ہوئے تو معاملہ ایک خطرناک حد تک پہنچ چکا تھا۔ میں نے وقت کی نزاکت کا احساس کرتے ہوئے گولی چلا دی جس سے صحرائی تو اسی دم مر گیا اور منتر پڑھنے والے بھاگ کھڑے ہوئے۔ اسی بدحواسی میں نوت کے ہاتھ سے بھی ساز گر پڑا۔

"ساز اور منتر بند ہوتے ہی اس لاش کی شیطانی قوت بھی زائل ہو گئی۔ وہ نیورا کر نوت پر گر گئی اور اتفاق سمجھو یا حقیقت لاش کا سر اس کی چھاتی کے قریب جالگا اور اس طرح وہ لوت لاخون پینے میں کامیاب ہو گئی۔"

اس واقعہ سے تقریباً ایک ماہ بعد ہم لوگ اپنے وطن کو واپس چلے آئے۔ اب زمانۂ قدیم کی معلومات کا خبط میرے دماغ سے نکل چکا تھا۔ چنانچہ گھر پہنچتے ہی میں نے پرانی معلومات کا وہ ذخیرہ جو کاغذات کی صورت میں جمع تھا اور وہ نادر اشیا جو خلیل کی وراثت میں مجھے ملی تھیں، نذر آتش کر دیں۔

***

بلائے ناگہاں

حیدر میرا بچپن کا دوست تھا۔ ہم دونوں ایک ہی محلہ میں رہتے تھے اور دونوں نے ایک ہی سکول میں تعلیم پائی تھی۔ سکول چھوڑنے کے بعد اس نے کٹھ کی تجارت اختیار کی اور اس تجارت کی وجہ سے اس کی بیشتر زندگی کافرستان میں گزری، اب وہ ایک دولت مند شخص کی حیثیت سے آرام و آسائش کی زندگی بسر کر رہا تھا۔۔۔ مگر باوجود اس آسودہ حالی کے اس کی زندگی غیر مطمئن معلوم ہوتی تھی۔ وہ ہر وقت کھویا کھویا سا رہتا۔ اسے کسی کام میں دلچسپی نہ تھی۔ وہ سوسائٹی سے متنفر تھا سوائے میرے کسی سے زیادہ میل جول نہیں رکھتا تھا۔ میں نے کئی دفعہ ارادہ کیا کہ اس کی افسردگی کا راز معلوم کروں مگر موقعہ نہ ملا۔ ایک دفعہ فصل کے موقعہ پر میرا اپنے حصہ داروں سے کچھ جھگڑا ہو گیا اور مجھے اپنے گاؤں جانا پڑا۔۔۔ وہاں جا کر میں زمینداری کی بندھنوں میں ایسا گرفتار ہوا کہ دو سال تک چھٹکارا نہ ہوا۔ اس عرصہ میں حیدر سے میری خط و کتابت جاری تھی۔ اس کے خطوں سے اکثر وحشت اور مایوسی کا جذبہ ٹپکتا تھا۔ دو سال بعد جب میں واپس آیا تو میں نے سنا کہ حیدر بالکل گوشہ نشین ہو گیا ہے۔

دو تین دن تو گھر کے معمولی کام کاج میں صرف ہو گئے۔ تیسرے دن شام کے قریب میں اس کے گھر گیا۔ میرا لڑکا میرے ہمراہ تھا۔ حیدر کی حالت دیکھ کر مجھے دلی صدمہ ہوا۔ وہ بالکل ہڈیوں کا ڈھانچہ بن رہا تھا۔ اس کا رنگ مٹیالا اور جلد بدنما طور پر خشک ہو رہی تھی۔ اس کی اندر کو دھنسی ہوئی آنکھوں سے خوف ہراس کی علامات

ظاہر تھیں۔۔۔۔ مجھے دیکھ کر ایک مردہ سی مسکراہٹ اس کے پژمردہ ہونٹوں پر کھیل گئی۔ میں اسے دیر تک حیرت سے تکتا رہا۔ میری حالت سے آگاہ ہو کر وہ مری ہوئی آواز سے کہنے لگا "کیا دیکھ رہے ہو؟" میں خاموش رہا۔ وہ دوبارہ بولا "آؤ! تم نہیں جانتے میری زندگی کس عذاب میں ہے میں نے آج تک اپنا راز تم سے پوشیدہ رکھا۔ مگر اب زیادہ دیر تک یہ میرے دل میں پوشیدہ نہیں رہ سکتا۔ میں اپنے دل کا بوجھ ہلکا کرنا چاہتا ہوں"۔

سلیم کمرے سے ملحقہ لائبریری میں رنگین پنسلوں سے تصویریں بنانے میں مصروف تھا۔ کمرے میں مکمل خاموشی تھی۔ حیدر کہنے لگا سکول چھوڑنے کے بعد میری دوستی ایک ایسے شخص سے ہوئی جو کافرستان میں کٹھ کی تجارت کرتا تھا۔ یہ شخص انتہائی نیک نفس اور دوست نواز تھا۔ وہ دنیا میں بالکل اکیلا تھا اور تجارت کا کام انجام دینے میں اسے بہت دقت ہوتی تھی۔ اس لیے اسے ایسے آدمی کی تلاش تھی جو اس کے ماتحت کافرستان کے علاقہ میں دورہ کر کے کٹھ فراہم کرنے میں اس کی مدد کرے۔۔۔۔ ان دنوں میری عمر صرف اٹھارہ برس کی تھی۔ میں بالکل ناتجربہ کار تھا تاہم اس نے مجھے دیانت دار اور محنتی پا کر تجارت میں حصہ دار بنالیا اور میں نے اپنا کام اس قدر شوق اور محنت سے کیا کہ سال کے اندر اندر ہماری تجارت چمک اٹھی۔۔۔۔ انھی ایام میں ایک دفعہ میں اپنے کوہستانی ملازم کے ہمراہ دورہ کرتا ہوا رستہ بھول کر ایک غیر آباد علاقہ میں پہنچا۔ گو یہ علاقہ نہایت سرسبز تھا، میوے سے لدے ہوئے درخت ہماری خوراک کے لیے بکثرت موجود تھے اور پیاس بجھانے کو چپہ چپہ پر حیات بخش چشمے جاری تھے لیکن رات کو سر چھپانے کے لیے جگہ ملنی دشوار تھی۔۔۔۔ تمام دن ہم جنگلوں میں بھٹکتے رہے۔ حتیٰ کہ شام قریب ہوگئی۔ شکست خوردہ آفتاب دن بھر کی خجالت سے زرد ہو کر لیلائے شب کی سیاہ زلفوں میں منہ چھپانے لگا۔ جنگلی پرندے شور وغل مچاتے ہوئے اپنے

گھونسلوں کے ارد گرد طواف کرنے لگے اور گھنے درختوں کی وجہ سے جنگل بے حد تاریک ہونے لگا۔۔۔ ہم اندھا دھند آگے بڑھتے گئے یکایک جنگل ختم ہو گیا۔

ہم تاریک فضا سے باہر نکلے تو افق کے دلکش مناظر سے ہماری آنکھیں روشن ہو گئیں۔ ہم ایک شاداب و زرخیز میدان کے کنارے کھڑے تھے۔ کہیں دور سے روشنی دکھائی دے رہی تھی ہم اس طرف بڑھے اور تھوڑی دیر میں ایک جھونپڑی کے دروازے پر جا کھڑے ہوئے۔۔۔ جھونپڑی میں ہلکی ہلکی روشنی ہو رہی تھی۔ دود کش سے دھوئیں کے یلغارے نکل رہے تھے اور بھنے ہوئے گوشت کی خوشگوار مہک اٹھ رہی تھی۔ میں نے ہچکچاتے ہوئے دستک دی۔ ایک خشک رو منحوس صورت شخص نے دروازہ کھولا۔ میں نے رات بسر کرنے کی درخواست کی۔ اس نے ہم دونوں کو سر سے پاؤں تک گھور کر دیکھا پھر ایک خوفناک قہقہہ لگاتے ہوئے اندر آنے کا اشارہ کیا۔۔۔ اس خوفناک قہقہے سے میرا دل دہل گیا۔ طرح طرح کے وسوسے اٹھنے لگے۔ مگر تھکان سے مجبور ہو کر چپ چاپ اس کے پیچھے ہولیا۔ جھونپڑی کی اندرونی حالت بہت ردی تھی۔ دیواریں دھوئیں سے سیاہ ہو رہی تھیں۔ ہر چیز پر سیاہی مائل گرد کی تہ جمی ہوئی تھی۔ اس نے ہمیں ایک شکستہ تخت پر بٹھایا اور خود ہمارے کھانے کے بندوبست میں مصروف ہو گیا۔ تھوڑی دیر میں اس نے بھنا ہوا گوشت اور مکی کی روٹیاں لا کر ہمارے سامنے رکھ دیں۔ کھانے سے فارغ ہو کر میرے ملازم نے میرا بستر ہ ایک طرف لگا دیا مگر میرا دل سونے کو نہ چاہتا تھا۔ مجھے اس منحوس صورت آدمی کی آنکھوں میں شقاوت مسکراتی دکھائی دیتی تھی۔ اس بدگمانی کے زیر اثر میرے دل میں ایک نامعلوم خطرہ پیدا ہو چکا تھا۔ میں اسی سوچ میں تھا کہ وہ قہوہ لے آیا۔ نیند کو دور کرنے کے لیے میں نے خوب قہوہ پیا۔۔۔ تھوڑی دیر کے بعد مجھے نیند کے جھونکے آنے لگے۔ میں نے چاہا کہ ملازم کو

خبر دار رہنے کی تاکید کر کے خود سو جاؤں مگر دیکھا تو وہ پہلے ہی گہری نیند کے مزے لے رہا تھا۔ میں نے اسے آوازیں دیں۔ جھنجھوڑا مگر بے سود۔ مجھ پر نیند کا غلبہ زیادہ ہو رہا تھا۔ رفتہ رفتہ ارد گرد کی چیزیں دھندلی نظر آنے لگیں۔ پھر مجھے کچھ ہوش نہ رہا۔۔۔۔ رات کو مجھے نہایت خوفناک خواب دکھائی دیئے۔ میں نے دیکھا کہ چند دیوزاد آدمی مجھے کندھے پر اٹھائے ہوئے کہیں جا رہے ہیں۔ یکایک میرے سر میں سخت ٹیس اٹھی۔ ایک تشنجی کیفیت سے میرے پٹھے اینٹھنے لگے۔ دوران خون سر کی طرف زیادہ ہونے سے دماغ پھٹنے لگا۔ سخت تکلیف سے میری آنکھ کھل گئی۔ اف! خدا کی پناہ! میں نے ایک ایسا بھیانک منظر دیکھا کہ میرا خون خشک ہو گیا۔ بدن کے روئیں سوئیوں کی طرح کھڑے ہو گئے اور دل ایک بڑے کلاک کی مانند ٹک ٹک کرنے لگا۔۔۔۔۔ آہ! میں ایک تیرہ و تار ڈراؤنی غار میں ایک لمبی سی چوبی میز پر چت پڑا ہوا تھا۔ میری مشکیں کسی ہوئی تھیں۔ اور سرہانے کی طرف ایک زبردست الاؤ جل رہا تھا۔ دہکتے ہوئے انگاروں کی سرخ تھرکتی ہوئی روشنی میں دیواروں پر مہیب سائے ناچ رہے تھے۔ غار دوزخ کی بھٹی کی طرح لال اور گرم تھی۔ سخت گرمی سے میرا سر چکرا رہا تھا۔ میز کے قریب ایک دیوزاد آدمی کھڑا تھا۔ جس کا بالوں سے بے نیاز سر ایک پشاوری تربوز کی طرح بڑا تھا۔ اس کا سرخ چہرہ جس پر جلادوں کی طرح بڑے بڑے سیاہ لمبے گل مچھے تھے، انگاروں کی لال روشنی میں خون سے رنگا ہوا معلوم ہوتا تھا۔ وہ ہاتھ میں ایک لمبا شکاری چاقو پکڑے کسی کو کچھ احکام دے رہا تھا۔ انتہائی وحشت سے میری زبان حلق میں دھنس گئی اور سانس رک رک کر آنے لگی۔۔۔ اتنے میں ایک نسوانی آواز سنائی دی۔ جسے سنتے ہی سرخ چہرہ جلاد نے اپنا مضبوط ہاتھ اٹھایا اور چاقو سے میرے سر میں گھاؤ لگانے لگا۔ میں شدت خوف سے پہلے ہی نیم جان ہو رہا تھا۔ زخموں کی تکلیف سے بے ہوش ہو گیا۔

مجھے ہوش آیا تو میں ایک صاف ستھرے کشادہ کمرے میں ایک آرام دہ بستر پر پڑا تھا۔ کمرے میں بالکل سکوت تھا۔ ایک طرف آبنوسی ڈیوٹ پر رکھے ہوئے پیتل کے بڑے چراغ میں بھلپل جل رہا تھا جس کی کیف آور روشنی عطر کے قرابے لنڈھا رہی تھی۔ چاند کی حسین کرنیں کھلی کھڑکی سے داخل ہو کر فرش زمین پر لوٹ رہی تھیں۔ میرے سر اور گردن کے پٹھے اکڑے ہوئے تھے۔ رفتہ رفتہ مجھے سب واقعات یاد آنے لگے اور غار والا منظر آنکھوں کے سامنے پھرنے لگا میں نے گھبرا کر ادھر ادھر نگاہ دوڑائی ۔ سرہانے کی طرف ایک سایہ سا دیکھ کر میری چیخیں نکل گئیں۔ فوراً کسی نے شفقت بھرا ہاتھ میرے سینے پر رکھ کر ٹوٹی پھوٹی پشتو میں کہا طالع مند نوجوان تمہیں اپنی زندگی اور جوانی مبارک ہو۔ تمہاری اس طویل اور مسلسل غشی نے مجھے تمہاری زندگی سے مایوس کر دیا تھا۔ مگر آج آٹھ دن کے بعد تمہیں ہوش میں دیکھ کر بہت خوش ہوں۔ خدا کا شکر ہے کہ میری محنت ٹھکانے لگی۔ اب کچھ فکر نہیں۔ تم بہت جلد اچھے ہو جاؤ گے ۔۔۔۔ دلجوئی کے الفاظ سن کر میں نے مطمئن نگاہوں سے اس کی طرف دیکھا وہ ایک چالیس سالہ وجیہہ اور شکیل آدمی تھا۔ اس نیک دل انسان کی بڑھی ہوئی ہمدردی اور ان تھک خدمت گزاری سے میری صحت بہت جلد عود کرنے لگی۔ اور میں بتدریج صحت یاب ہو گیا۔۔۔ دوران علالت میں مجھے معلوم ہوا کہ میرے محسن کا نام جواں بخت ہے اور وہ ایک قبیلے کا سردار ہے۔ میرے استفسار پر جواں بخت نے مجھے ایک عجیب و غریب داستان سنائی۔ اس نے کہا "اس علاقہ میں کئی ایک ایسی وادیاں ہیں جو ہنوز دنیا کی نظروں سے پوشیدہ ہیں۔ ہر ایک وادی کا راستہ اتنا خفیہ اور پراسرار ہے کہ کوئی اجنبی ان میں داخل نہیں ہو سکتا اور ہر وادی میں جدا جدا قبیلے آباد ہیں۔ چنانچہ یہ وادی بھی جس میں میرا قبیلہ بھی آباد ہے اسی طرح کی ایک پوشیدہ وادی ہے۔ اور یہاں سے ایک دن کی مسافت پر ایک اور ایسی ہی

پوشیدہ وادی ہے جس میں ایک رہزنوں کا قبیلہ آباد ہے۔ ان کی سردار ایک عورت ہے۔۔۔۔۔۔۔۔۔ جس نے جوانی کا جوہر ایجاد کیا ہے۔ اٹھارہ سے پچیس سال تک کی عمر کے نوجوانوں کے سر سے وہ اس جوہر کو کیمیاوی طریقے سے حاصل کرتی ہے اور اس جوہر کے اثر سے باوجود سن رسیدہ ہونے کے ابھی تک جوان اور نوخیز نظر آتی ہے۔ اس جوہر کو حاصل کرنے کے لیے اس نے اپنے ملازم مختلف علاقوں میں اس غرض سے چھوڑ رکھے ہیں کہ وہ کسی طرح نوجوانوں کو اس کے لیے فراہم کریں۔۔۔ ان اسیر نوجوانوں کو اس کے ملازم منشیات سے بے ہوش کر کے خفیہ غاروں میں لے جاتے ہیں۔ جہاں وہ عورت انکے سروں سے جوہر کشید کرتی ہے"۔ میں نے پوچھا" آپ کو یہ باتیں کیسے معلوم ہوئیں؟" اس نے کہا" جوانی میں مجھے بھی ایک دفعہ اس کے آدمی پکڑ کر لے گئے تھے۔ لیکن میرے قبیلے کو اس غار کا کسی طرح کھوج مل گیا اور اس نے شب خون مار کر مجھے عین اس وقت چھڑایا جب کہ ایک سرخ چہرہ جلاد میرے سر کو زخمی کر رہا تھا۔۔۔۔" جواں بخت نے کلاہ اتار کر اپنا سر مجھے دکھایا جس پر جابجا بڑے بڑے سفید داغ تھے۔ پھر کہنے لگا "میں نے اب اس علاقہ میں اپنے جاسوس چھوڑ رکھے ہیں۔ جب کوئی نووارد ان کے ہتھے چڑھ جاتا ہے تو مجھے اطلاع مل جاتی ہے اور میں چھاپہ مار کر ان نوجوانوں کو بچالیتا ہوں۔ مگر وہ عورت احتیاطاً غاریں بدلتی رہتی ہے۔ مگر میں ہمیشہ کھوج لگانے میں کامیاب ہو جاتا ہوں چنانچہ جس دن رہزن تمہیں اس ڈائن کے پاس لے جا رہے تھے۔ مجھے جاسوسوں نے مطلع کیا۔ جس پر میں نے کئی ایک غاروں میں تمہیں تلاش کیا اور آخر کار ایک غار پر حملہ کر کے تمہیں نجات دلوائی۔ میں کئی دفعہ اس عورت پر حملہ کر چکا ہوں مگر وہ ہر دفعہ میرے ہاتھ سے بچ کر صاف نکل جاتی ہے۔ کاش مجھے اس وادی کا رستہ معلوم ہو جائے اور میں ہمیشہ کے لیے دنیا کو اس ڈائن کے وجود سے پاک کر دوں۔

میں تقریباً چھ ماہ جواں بخت کی وادی میں مقیم رہا۔ کئی دفعہ واپسی کا ارادہ کیا مگر اس کی بے لوث محبت میرے لیے زنجیر پا ہو گئی۔ چھ ماہ بعد میں نے دل کڑا کر کے اس سے اجازت طلب کی۔ وہ کچھ سوچ کر بے دلی سے کہنے لگا تم شوق سے جاسکتے ہو مگر تمہیں یہاں سے آنکھوں پر پٹی باندھ کر جانا ہو گا۔ میں نے گھبرا کر کہا "کیوں؟" وہ لجاجت سے بولا "عزیز من تمہیں پہلے بتا چکا ہوں کہ یہ ایک پوشیدہ وادی ہے۔ اس لیے سوائے اپنے قبیلے کے کسی اور کو ان خفیہ راستوں کا راز بتانا ہمارے اصول کے خلاف ہے۔ اس اصول میں بے قاعدگی کی وجہ سے نقصان کا خطرہ ہے۔۔۔۔ کیونکہ اگر ایک قبیلے کو دوسرے قبیلے کی وادی کا راستہ معلوم ہو جائے تو وہ شب خون مار کر وادی میں گھس آتے ہیں اور قبیلے کو تباہ و برباد کر دیتے ہیں۔ گو مجھے تم پر کوئی بدگمانی نہیں مگر اپنے قبیلے کے خلاف کچھ نہیں کر سکتا۔ ان کے قائم کردہ اصول کی خلاف ورزی میری طاقت سے باہر ہے۔ میں نے افسردگی سے کہا "تو پھر میں یہاں کبھی نہ آسکوں گا؟" "میرے خیال میں کبھی نہیں"۔ اس نے کہا۔ میں نے کہا "لیکن آپ کی ملاقات"۔ وہ میری بات کاٹ کر بولا "یہ بھی تقریباً ناممکن ہے"۔۔۔۔۔ اس ناگوار گفتگو نے مجھے مایوس کر دیا۔ مجھے اس سے دلی الفت تھی۔ اس لیے اس کے فیصلے سے میرے دل پر گہری چوٹ لگی اور میرے آنسو جاری ہو گئے۔ وہ رویا تو نہیں مگر اس کے چہرے کا اڑتا ہوا رنگ اس کے اضطراب کا شاہد تھا۔ وہ گاؤ تکیے پر کہنیاں ٹیکے کچھ سوچ رہا تھا۔ اس کے شگفتہ چہرے پر سماوی تجلیاں نمایاں تھیں۔۔۔۔ کامل وقفہ کے بعد اس نے سر اٹھایا اور اپنی نکھری ہوئی منور پیشانی پر ہاتھ پھیرتے ہوئے نہایت ملامت سے کہنے لگا "ہاں ایک صورت ہو سکتی ہے اگر تم میرے مذہبی طریقے پر قسم اٹھا کر میری برادری میں شامل ہو جاؤ تو میرے قبیلے کو اطمینان ہو جائے گا"۔ میں نے ان شرائط کو فوراً منظور کر لیا۔۔۔۔ دوسرے دن جواں

بخت نے اپنے قبیلے کی دعوت کی اور سب کے سامنے ایک نیم عریاں کاہن نے جواں بخت کی چھنگلیا سے چند قطرے خون نکال کر ایک طشتری میں ٹپکائے، پھر اپنی خاص زبان میں اس خون پر مجھ سے قسم لی گئی جس کا مفہوم یہ تھا کہ اگر میری وجہ سے جواں بخت کو کسی قسم کی تکلیف پہنچے تو روحیں مجھے بھی وہی سزا دیں۔ اس کے بعد نیم عریاں کاہن کی ہدایت کے بموجب میں نے اس مقدس خون کو چکھا اور اس رسم کے اختتام پر جواں بخت نے مجھے گلے سے لگالیا۔ اس کے بعد قبیلے کے سب لوگ یکے بعد دیگرے میرے گلے ملے اور خوشیاں مناتے ہوئے رخصت ہوگئے۔ اگلے دن مجھے وادی کا راز بتا دیا گیا اور جاتی دفعہ جواں بخت نے تاکید کی کہ جب تک میری عمر ۲۵ برس سے تجاوز نہ کر جائے اس علاقہ میں اکیلا یا کسی اجنبی کے ہمراہ سفر نہ کروں۔ جواں بخت کے خاص آدمی مجھے اس جگہ پہنچا گئے جہاں میرے حصہ دار کا ہیڈ کوارٹر تھا۔۔۔۔ یہ خطہ جواں بخت کی وادی سے دوسو میل کے فاصلے پر تھا۔ میرا حصہ دار جو میری زندگی سے مایوس ہو چکا تھا مجھے زندہ سلامت پاکر بہت خوش ہوا۔۔۔ جواں بخت کی دوستی سے میری تجارت کو بہت فائدہ پہنچا۔ کیونکہ جواں بخت کی وادی میں کٹھ بہت کثرت سے پائی جاتی تھی۔ اس کے آدمی ہمیشہ کٹھ پہنچاتے رہتے انہیں آدمیوں کے ساتھ میں بھی ہر دوسرے تیسرے مہینے جواں بخت سے ملنے جایا کرتا۔ اسی طرح کئی سال گزر گئے۔ میری عمر ۲۵ برس سے تجاوز کر گئی۔ اب میں بغیر محافظوں کے بے کھٹکے اس علاقہ میں سفر کرنے لگا۔۔۔ ایک دفعہ میں جواں بخت کو ملنے جارہا تھا، راستے میں ایک چھوٹی سی کوہستانی سرائے میں میری ایک خوش پوش مسافر سے ملاقات ہوئی یہ شخص بڑا باتونی تھا۔ باتوں باتوں میں اس نے ذکر کیا کہ فلاں راستے سے آتے ہوئے کئی دفعہ اس ندی کے کنارے جو نشیبی گھاٹی کے عمق میں ہے اس نے پریوں کو گاتے دیکھا ہے۔ اس وقت تو میں نے اسے جھٹلا دیا۔ مگر دوسرے دن سفر کرتے

ہوئے راستے میں مجھے اس ندی کا خیال آیا جو یہاں سے زیادہ دور نہ تھی۔ میں نے گھوڑا اس راستے پر ڈال دیا۔۔۔۔ ندی کے کنارے گیا تو کہیں دور پار سے ہلکی ہلکی دلکش آواز جو نسیم بہار کی نرم رو لہروں پر مستی بکھیر رہی تھی۔ سن کر میرے دل میں گدگدی پیدا ہونے لگی۔ میں نے گھوڑا آگے بڑھا دیا۔ برساتی ندی میں پانی بہت کم تھا۔ میں بآسانی اسے عبور کر کے پار کے گھنے جنگل میں داخل ہو گیا۔ اب گیت کہیں قریب ہی سنائی دیتے تھے۔۔۔۔ یہ نشاط انگیز راگنی مجھے اپنی طرف اس طرح کھینچ رہی تھی جس طرح مقناطیس لوہے کو کھینچتا ہے۔ آگے بڑھ کر معلوم ہوا کہ جنگل کے وسط سے کاٹ کر چھوٹا سا میدان بنایا گیا ہے اور اس میدان میں ایک خوشنما جھونپڑی ہے جس کے ارد گرد خوش رنگ پھلواڑیوں کی بساط بچھی ہوئی ہے۔ قریب گیا تو فرط حیرت سے میری آنکھیں کھلی کی کھلی رہ گئیں۔۔۔۔ سوسن کی پھلواڑی میں ایک پری جمال حسینہ ایک پہاڑی ساز پر دلکش لے میں گیت گا رہی تھی اور چند کوہستانی لڑکیاں پاؤں میں گھنگرو باندھے اس کے سامنے ناچ رہی تھیں۔ اس حسینہ کو دیکھ کر میں پھڑک گیا۔ اس کی بڑی بڑی خوشنما صدفی آنکھوں سے ایک ایسا کیف کا سیلاب امڈ رہا تھا۔ جس کی تیز رو میں میرے ہوش و حواس تک بہہ گئے۔۔۔ مجھے دیکھ کر انہوں نے راگ رنگ ختم کر دیا۔ حسینہ نے مجھے بلا کر بڑے اخلاق سے اپنے قریب بٹھایا اور ٹوٹی پھوٹی پشتو میں باتیں کرنے لگی۔ جب میرے حواس قدرے درست ہوئے تو میں نے اس حسینہ وغیرہ کا نام دریافت کیا۔ کہنے لگی میرا نام مہ لقا ہے۔ میں ایک کوہستانی رئیس کی لڑکی ہوں۔ والدین کے انتقال پر میرا دل ٹوٹ چکا ہے۔ یہ جگہ کبھی میرے باپ کی شکار گاہ تھی۔ یہاں اپنی کنیزوں کے ساتھ زندگی کے دن پورے کر رہی ہوں۔

میں نے تمام دن اس حسینہ کی صحبت میں گزارا۔ خوشی کے لمحے چٹکیوں میں

گزر جاتے ہیں۔ حتیٰ کے دن کی ڈھلتی چھاؤں وقت کی رفتار کا پتہ دینے لگی۔ مہ لقا سے رخصت ہو کر جواں بخت کی وادی کی طرف ہولیا۔ میں ابھی تک محبت کی چاشنی سے نا آشنا تھا۔ آج پہلی بار میں نے محسوس کیا کہ میں اپنا دل اس لڑکی کو دے چکا ہوں۔ جواں بخت کی ملاقات کے بعد میں اپنے ڈیرے پر واپس آیا تو مہ لقا کی جدائی دن بدن مجھے شاق گزرنے لگی۔ بہت کوشش کی کہ اس کو بھول جاؤں مگر دل نہ مانتا اور آخر کار اپنے کاروبار سے بد دل ہو کر زیادہ تر جواں بخت کے پاس رہنے لگا۔ جواں بخت میری اس تبدیلی پر متعجب تھا لیکن میں نے بڑی خوش اسلوبی سے اپنے عشق کا راز اس سے چھپائے رکھا۔۔۔۔ مہ لقا کی جھونپڑی جواں بخت کی وادی سے کچھ زیادہ دور نہ تھی۔ اس لیے اکثر اس سے ملاقات ہوتی رہتی تھی۔ وہ اکثر جائے رہائش دریافت کیا کرتی۔ مگر میں نے کبھی اس سے جواں بخت کا ذکر نہ کیا۔ اسے ہمیشہ اپنے ڈیرے کا پتہ دیتا جو میرے کاروبار کا مرکز تھا۔ یہ سن کر وہ بدگمانی سے منہ پھیر لیا کرتی۔ کیونکہ وہ ڈیرا یہاں سے تقریباً دو سو میل کے فاصلے پر تھا۔۔۔۔ ایک دن جب کہ میں اسے اپنی محبت کا یقین دلا رہا تھا وہ بے اعتباری سے کہنے لگی "تمہاری محبت کا میں کیسے یقین کر سکتی ہوں جب کہ تم اپنی جائے رہائش تک مجھ سے چھپا رہے ہو"۔ ندامت سے جھٹ بے سمجھے بوجھے میرے منہ سے نکل گیا "دوسرے کا راز میں نہیں بتا سکتا"۔ میرے اس جواب سے وہ اپنی حسین آنکھوں میں آنسو بھر کر بولی "آہ آپ مجھے اس قدر ذلیل سمجھتے ہیں۔ کیا میری ذات سے کسی کو نقصان پہنچنے کا خدشہ ہے"۔۔۔۔۔ در حقیقت آنسو عورت کا زبردست ہتھیار ہے۔ جسے دیکھ کر مضبوط سے مضبوط ارادے کا مرد بھی زیر ہو جاتا ہے۔ آہ، میں بھی ان صد فان گوہر بار۔۔۔۔۔ کو دیکھ کر بے تاب ہو گیا اور ان خوشنما آنسوؤں نے مجھے مغلوب کر لیا۔ افسوس میں نے اپنا مقدس عہد توڑ کر اسے اس وادی کا راز بتا دیا۔

رات کسی بدعہد گنہگار کے دل کی طرح تاریک تھی۔ جس کی نحوست سے کائنات دھواں دھار ہو رہی تھی۔ تیسری تاریخ کا نیا چاند افق کی تاریک گہرائیوں میں کھو چکا تھا۔ ستارے سیاہ بادلوں میں گم ہو چکے تھے۔ تمام دنیا ایک کالے دیو کی مٹھی میں بند معلوم تھی۔ جواں بخت اپنے کمرے میں گہری نیند سو رہا تھا۔ مگر میری آنکھوں میں نیند مفقود تھی۔ ایک نامعلوم خطرہ مجھے قریب تر معلوم ہو رہا تھا۔ کسی مبہم خوف سے میرا دل دھڑک رہا تھا۔ میں جہنمی اذیت محسوس کرتے ہوئے اپنے کمرے میں بے چینی سے چکرا رہا تھا۔۔۔۔ آدھی رات کے قریب یکایک ایک گرجدار آواز سے تمام وادی گونج اٹھی۔ اس پر ہول آواز سے میرے رونگٹے کھڑے ہو گئے۔ آہ یہ اس مہیب نقارے کی آواز تھی جس پر خطرے کے وقت چوٹ پڑتی تھی۔ خطرے کے الارم پر تمام قبیلہ بیدار ہو گیا۔ جواں بخت کے گھر میں کھلبلی مچ گئی۔ اس نے نہایت عجلت سے ہتھیار لگائے اور مقابلے کے لیے تیار ہو گیا۔۔۔۔ یک دم رہزنوں کا ایک زبردست گروہ جواں بخت کے محل پر ٹوٹ پڑا۔ وہ کمال بہادری اور جوانمردی سے لڑا مگر رہزنوں کے ٹڈی دل کے سامنے اس کی پیش نہ گئی۔ وہ مجروح ہو کر گر پڑا۔ رہزنوں نے اس کے ساتھ ہم سب کی مشکیں کس لیں اور ہمیں برق رفتار گھوڑوں پر لاد کر وادی سے نکال لائے۔۔۔۔ ابھی وہ وادی سے نکلے ہی تھے کہ جواں بخت کا باقی قبیلہ تعاقب کرتا ہوا آپہنچا۔ چند میل کے فاصلے پر دونوں لشکر آپس میں گتھم گتھا ہو گئے ادھر میدان کارزار گرم ہو رہا تھا۔ ادھر ہم قیدیوں کو ایک غار میں پہنچا دیا گیا جس میں الاؤ جل رہا تھا۔ اور ایک بپھرے ہوئے شیر کے پنجرے کے قریب ایک عورت کھڑی تھی۔ اس عورت کو دیکھ کر میں حیرت و استعجاب سے اچھل پڑا آہ وہ مہ لقا تھی۔۔۔۔ وہ غصے سے دانت پیس رہی تھی۔ حالت غیظ میں اس کی آنکھوں سے چنگاریاں نکل رہی تھیں۔ ایک کونے میں وہی خوش

پوش مسافر کھڑا تھا جو کبھی مجھے سرائے میں مل چکا تھا۔ جس نے مہ لقا کے اشارہ ابرو پر جواں بخت کی مشکیں کھولیں اور اسے خوفناک شیر کے پنجرے میں ڈال دیا۔ مہیب شیر نے آناً فاناً جواں بخت کو اپنی مضبوط رانوں میں دبوچ کر ہلاک کر دیا۔ عین اسی وقت رہزنوں کے لشکر میں بھاگڑ پڑ گئی اور حملہ آور مار دھاڑ کرتے ہوئے غار کے قریب پہنچ گئے۔ خطرے کو بھانپ کر مہ لقا فوراً غار سے باہر نکلی اور اپنی جماعت سمیت جنگل میں غائب ہو گئی۔ حملہ آور جب غار میں داخل ہوئے تو انہیں جواں بخت کا حسرت ناک انجام دیکھ کر از حد صدمہ ہوا۔ اس کی لاش واپس وادی میں لائی گئی۔ جہاں نہایت احترام سے اسے سپرد خاک کیا گیا۔ چالیس دن تک اس کا قبیلہ سوگ مناتا رہا۔ آخر چالیسویں کی رسوم پر جب کہ تمام قبیلہ جمع تھا۔ نیم عریاں کاہن نے کہا کہ "میں یہ نہیں جاننا چاہتا کہ تم میں سے غدار کون ہے۔ لیکن تمہیں یہ بتا دینا چاہتا ہوں کہ غدار سزا سے کبھی نہیں بچ سکتا۔ تم لوگ مقدس خون پر جواں بخت سے وفاداری کی قسم اٹھا چکے ہو اور یہ کوئی معمولی چیز نہیں۔ جواں بخت کی عمر اس وقت پچاس سال کے قریب تھی۔ اس لیے پچاس کی عمر میں غدار پر اس مقدس قسم کی لعنت پڑے گی۔ اور وہ شیر کے ہاتھوں ہلاک ہو گا۔" نیم عریاں کاہن کے اس اعلان سے سب کے دل دہل گئے۔۔۔ کاہن کے ان الفاظ کا مجھ پر خاص اثر ہوا۔ حوصلہ کر کے دل کو برقرار رکھا اور دوسرے دن اپنے ڈیرے کی طرف واپس ہوا۔ میں مجرم تھا۔ میرا سکون قلب رخصت ہو چکا تھا۔ اب تجارت میں بھی میرا دل نہ لگا۔۔۔۔ میں تجارت چھوڑ کر اپنے دیس چلا آیا۔ چونکہ جواں بخت کی بدولت میں نے بے شمار دولت کمائی تھی۔ میں امیرانہ زندگی بسر کرتا رہا۔ لیکن میرا دل کبھی مطمئن نہ ہو سکا۔ اس نیم عریاں کاہن کے الفاظ ہمیشہ میرے کانوں میں گونجتے رہے۔ اب جس دن سے میرا پچاسواں سال شروع ہوا ہے خوف سے مجھے زندگی وبال ہو گئی ہے۔ رات کو

شیروں کے دھاڑنے کی آوازیں آتی رہتی ہیں۔ شیروں کے خوفناک سائے دیواروں پر متحرک دکھائی دیتے ہیں۔ اکثر ملک الموت کے سرد پاؤں کی چاپ محسوس کرتا ہوں"۔ روحیں میرے اردگرد منڈلاتی رہتی ہیں۔ جواں بخت کی کفن پوش لاش مجھے بلاتی ہے اور اسی خوف سے گوشہ نشین ہورہا ہوں"۔۔۔ حیدر کی داستان سن کر میں نے اسے تسلی دیتے ہوئے کہا کہ تمہیں وہم ہو گیا ہے ورنہ ایسی قسمیں کچھ حقیقت نہیں رکھتیں۔ اور نہ تم نے جان بوجھ کر غداری کی۔ ایسی فضول قسموں کا خیال نہ کرو۔ یہاں شہر میں شیر کہاں سے آئے گا۔ میں بہت دیر تک اسے سمجھاتا رہا۔ بارہ بجے کے قریب میں اٹھا۔ میرا خیال تھا کہ سلیم لائبریری میں سو رہا ہوگا۔۔۔ میں لائبریری کی طرف گیا تو وہ کرسی پر بیٹھا مسکرا رہا تھا۔ مجھے دیکھ کر کہنے لگا۔ ابا میں نے چچا کی تمام باتیں سنی ہیں۔ وہ بہت ڈرپوک ہے۔ میں نے اسے آہستہ سے ڈرتے ہوئے کہا سلیم ایسا نہیں کہا کرتے۔ وہ شوخی سے بولا وہ درحقیقت بہت ڈرپوک ہے۔ دیکھو میں نے اسے ڈرانے کے لیے دیوار پر کیا بنایا ہے۔۔۔ میں نے دیوار کی طرف دیکھا سلیم نے اس پر اپنی رنگین پنسل سے ایک بہت بڑے شیر کی تصویر بنائی تھی۔ تصویر کو دیکھ کر میں بے اختیار ہنس دیا اور اسے ساتھ لے کر باہر نکل آیا۔

چونکہ رات کو میں دیر سے سویا تھا۔ اس لیے صبح دیر سے آنکھ کھلی تھی۔ ابھی میں بستر میں ہی تھا کہ حیدر کی موت کی خبر پہنچی۔ اسے رات کو کسی درندے نے ہلاک کر دیا تھا۔ میں اس وقت حیدر کے مکان پر پہنچا۔ وہاں پولیس جمع تھی۔ حیدر کی لاش بستر پر نہایت ابتر حالت میں پڑی تھی۔ اس کی شاہرگ کے قریب ایک بہت بڑا گہرا زخم تھا اور کسی درندے کے خون آلود پنجے بستر کی سفید چادر پر صاف نمایاں تھے۔۔۔ میں سراسیمگی سے آہستہ آہستہ قدم اٹھاتا ہوا لائبریری میں جا نکلا۔

اچانک مجھے سلیم کی بنائی ہوئی تصویر کا خیال آیا۔ مگر دیوار کی طرف دیکھ کر میرے اوسان خطا ہو گئے۔

سلیم کی بنائی ہوئی شیر کی تصویر دیوار سے غائب تھی۔

* * *

گلنار

گیتی آرا، گلنار سے جس قدر محبت کرتی تھی۔ شجاع اسی قدر اس سے نفرت کرتا تھا۔ جب کبھی وہ اسے دیکھ پاتا، نہایت غضبناک ہو کر کہتا۔

"گیتی آرا! اس ڈائن کو یہاں سے دور کرو۔ ورنہ میں اس کو گولی مار دوں گا۔"

در حقیقت وہ تھی بھی ڈائن۔ اسے یہ کہنا بالکل موزوں تھا۔ اس کا رنگ سیاہ اور شکل مکروہ تھی۔ مگر اپنی اپنی طبیعت ہے۔ گیتی آراء اس پر جان و دل سے فدا تھی۔ جب تک گلنار نہ کھا لیتی گیتی آراء کے حلق سے نوالہ نہ اترتا تھا۔

گلنا بڑی سمجھ دار تھی۔ اس کی محبت کو محسوس کرتی اور اس کا دل خوش کرنے کو طرح طرح کی حرکتیں کیا کرتی۔ وہ نہایت صفائی پسند تھی، بڑے سلیقے سے کھانا کھاتی۔ اور ایک گدیلے والی کرسی جو گیتی آرا نے خاص اسی کی خاطر بنائی تھی بیٹھی رہتی۔

جب شجاع کے پاؤں کی آہٹ سنتی تو جھٹ اچک کر گیتی آرا کے ڈریسنگ روم میں گھس جاتی اور جب تک شجاع گھر میں رہتا اونچا سانس تک نہ لیتی۔ گیتی آراء اس کی اس عقلمندی کی بہت معترف تھی اور اکثر بڑے فخر سے کہا کرتی کہ جتنی عقلمند میری گلنار ہے اتنا عقلمند کوئی انسان بھی نہیں۔

شجاع اور گیتی آرا کی آپس میں بڑی محبت تھی۔ دونوں ایک دوسرے کو دیکھ دیکھ کر جیتے تھے۔ ان کی شادی کو پانچ سال گزر گئے۔ مگر نخل امید بار آور نہ ہوا تھا۔ وہ ایک کامیاب بیرسٹر اور والدین کا اکلوتا فرزند تھا۔ چنانچہ اس حالت میں گیتی آرا کا بانجھ ہونا

سخت خطرناک تھا۔

شجاع کے والدین اس کو بااولاد دیکھنے کے خواہشمند تھے۔ اس کی والدہ کی عین آرزو تھی کہ اس کا سونا گھر ایک معصوم اور شوخ ہستی کی برکت سے بارونق ہو۔ کوئی اسے توتلی زبان سے دادی اماں کہے۔ اسے دلفریب شرارتوں سے ستائے اور معصومانہ اداؤں سے مچل کر اس کا دل لبھائے۔ گیتی آرا بھی اس کمی کو محسوس کرتی تھی۔ مگر یہ خدا کی دین ہے۔ کسی کے بس کی بات نہیں۔

جوں جوں دن گزرتے جاتے گیتی آرا کے تفکرات میں اضافہ ہوتا جاتا تھا۔ کیونکہ اس کا مستقبل تاریک تھا۔ اپنے حسرتناک انجام کا نقشہ اسے آنکھوں کے سامنے دکھائی دیتا تھا اور وہ اکثر اپنی پائمالی محبت کے خیال سے تھرا اٹھتی تھی۔

جب تک شجاع گھر میں رہتا گیتی آرا کا دل بہلاتا رہتا۔ مگر جونہی وہ عدالت کو جاتا وہ افسردہ ہو جاتی۔ کیونکہ گھر میں کوئی اس سے کھل کر بات چیت نہ کرتا تھا۔ اس لیے اس نے اپنا غم غلط کرنے کو گلنار پال رکھی تھی۔ جو اس کی محبوب بلی تھی۔ وہ اکثر تنہائی میں اس سے باتیں کیا کرتی، جس کے جواب میں گلنار اس کو ایسی نگاہوں سے دیکھتی جس سے ظاہر ہوتا کہ وہ اس کی باتیں سمجھتی اور دکھ درد میں اس کی شریک ہے۔

شجاع کو والدین بار بار دوسری شادی کے لیے کہہ چکے تھے مگر وہ انکار کرتا رہا۔ آخر جب ان کا اصرار حد سے بڑھ گیا تو مجبوراً اسے رضامند ہونا پڑا۔

شجاع کی دوسری شادی کو بھی مدت گذر گئی۔ مگر بچے کی صورت دیکھنا نصیب نہ ہوئی۔ اس کی والدہ ہنوز زندہ تھی۔ وہ چاہتی تھی کہ ایک دفعہ اور شجاع کی شادی کر کے قسمت آزمائی کر لے۔ لیکن اب اس کا نئی بہو سے سابقہ تھا۔ جس نے شجاع کو اس طرح قابو کیا تھا کہ اسے دم مارنے کی جرات نہ تھی۔ گیتی آرا کو وہ بالکل بھول چکا تھا۔

شہزادی اپنی چالاکیوں سے اس کو موقع ہی نہ دیتی تھی کہ وہ کسی سے ملنے کے لیے وقت نکال سکے۔ وہ ہر وقت اس کی نازبرداریوں میں مصروف رہتا۔ شجاع کے اس طرز عمل سے گیتی آرا کو سخت قلق ہوتا تھا۔ مگر وہ راضی برضا تھی۔

شہزادی شکل و صورت میں تو گیتی آرا کا مقابلہ نہ کرسکتی تھی مگر ناز نخروں میں طاق تھی۔ مرد کی تسخیر کا گر جانتی تھی۔ وہ سخت مزاج کمینہ خصلت اور تند خو عورت تھی۔ اور ماں کی تربیت کا اثر اس کے رگ وریشہ میں سرایت کیے ہوئے تھا۔ وہ گیتی آرا کے خون کی پیاسی تھی۔ اس نے محل سرا کی طرف کھلنے والے دروازے عرصہ سے بند کرا دیے تھے۔ تاکہ شجاع کی نظر کہیں گیتی آرا پر نہ پڑ جائے۔ اس انقلاب نے گیتی آرا پر دنیا کا عیش و آرام حرام کر دیا۔ اس کی اس بے کیف زندگی میں واحد غم گسار اس کی پیاری بلی گلنار تھی۔

جنوری کے آخری دن تھے۔ شجاع خواب راحت سے بیدار ہوا تو اس کی نظر میز پر رکھے ہوئے چنبیلی کے ایک خوبصورت ہار پر پڑی۔ جس کے قریب ہی ایک رقعہ پڑا تھا۔ رقعہ دیکھ کر اسے یاد آگیا کہ آج اس کی پہلی شادی کی سالگرہ ہے۔ اس نے ہار کو اٹھا کر آنکھوں سے لگالیا۔ بھولی ہوئی گیتی آرا کی یاد تازہ ہوگئی۔ گزشتہ ایام کی پر محبت زندگی کا نقشہ سنیما کی متحرک تصاویر کی طرح آنکھوں کے سامنے پھرنے لگا۔ اسے اپنے ظالمانہ سلوک سے جو اس نے چھ سال سے اس کے ساتھ روا رکھا تھا سخت ندامت ہوئی۔ وہ آہ سرد بھر کر کہنے لگا "آہ گیتی آرا کیسی عقلمند ہے۔ زرد چنبیلی کا ہار بھیج کر اس نے مجھے اس بے اعتنائی پر ملامت کی ہے۔ کیا اس سے میری محبت انہی پھولوں کی طرح زرد ہو چکی ہے۔"

وہ ایک ہارے ہوئے جواری کی طرح ہار کو ہاتھ میں لے کر کرسی پر بیٹھ گیا۔ بہت عرصہ تک انہی خیالات میں محو رہا۔ اور ابھی خدا جانے کب تک اسی حالت میں رہتا مگر شہزادی کی کرخت آواز سے چونک اٹھا۔

شہزادی۔ کیا اس بیہودہ عورت نے اس دفعہ پھر زرد پھولوں کا تحفہ بھیجا ہے۔ یہ پھول تو تابوت پر ڈالے جاتے ہیں۔ کون نمک حرام یہ ہار یہاں لایا ہے؟

یہ کہتے ہوئے اس نے یہ ہار شجاع کے ہاتھ سے لے کر پھینک دیا۔ اس کے بعد گیتی آرا کو کوستی اور نوکروں کو برا بھلا کہتی ہوئی کمرے سے نکل گئی۔ شجاع نے منہ سے تو کچھ نہ کہا مگر اس کی آنکھیں پرنم ہو گئیں۔ وہ سوچنے لگا کیا مظلوم گیتی آرا کا تحفہ محبت ہر سال اسی طرح پائے استحقار سے ٹھکرا دیا جائے گا۔

وہ تمام دن مغموم رہا۔ شام کے قریب جب وہ باہر سیر کو گیا تو بغیر کسی ارادے کے چلتے ہوئے باہر کے راستہ سے محل سرا میں داخل ہو کر سیدھا گیتی آرا کے کمرے میں جانکلا۔ گیتی آرا دریچہ کے قریب کرسی پر بیٹھی بحر فکر میں غوطہ زن تھی۔ وہ خاکی رنگ کے کپڑے پہنے تھی۔ اس کے عنبر افشاں سیاہ بال الجھے ہوئے کندھوں پر پریشان تھے۔ سورج کی آخری کرن اس کے زردی مائل دلفریب چہرہ کو چار چاند لگا رہی تھی۔ گلنار بھی اپنی کرسی پر بیٹھی اونگھ رہی تھی۔

وہ کئی منٹ تک دروازے میں کھڑا اسی کو دیکھتا رہا۔ گیتی آرا اپنے خیالات کی رو میں بہہ رہی تھی۔ شجاع کی موجودگی کا اس کو مطلق احساس نہ ہوا۔ مگر گلنار نے اسے نیم وا آنکھوں سے دیکھتے ہی فوراً ہی چھلانگ لگائی اور کمرے سے باہر نکل گئی۔

گلنار کی اس حرکت پر وہ ایک دم چونک پڑی اور سامنے شجاع کو کھڑا دیکھ کر بے اختیار ایک چیخ اس کے منہ سے نکلی اور لڑکھڑاتے ہوئے اس کے استقبال کو بڑھی۔ لیکن شجاع وہیں کھڑا رہا۔ ندامت سے اس کے پاؤں بھاری ہو رہے تھے۔

اس واقعہ کے بعد شجاع شہزادی سے چوری چھپے اکثر گیتی آرا کے پاس آتا جاتا رہا۔ جب اس ملاپ کو ایک سال کے قریب ہو گیا تو یکایت گیتی آرا سخت بیمار ہو گئی۔ کھانا پینا

چھوٹ گیا اور سوکھ کر کانٹا ہو گئی۔ پہلے تو معمولی بات سمجھ کر اس نے کسی سے بیماری کا ذکر نہ کیا، لیکن آخر جب تکلیف زیادہ بڑھ گئی تو ڈاکٹر کو دکھایا گیا۔ جو معائنہ کے بعد اس نتیجہ پر پہنچا کہ مسز شجاع حاملہ ہیں۔

یہ نوید جانفزا سن کر فرط طرب سے شجاع کی باچھیں کھل گئیں۔ بڑی بیگم نے منہ مانگی مراد پائی۔ شہزادی نے جب یہ خبر سنی تو وہ سناٹے میں آگئی، مگر کیا کر سکتی تھی۔ گتھی سلجھنے والی نہ تھی۔ جل بھن کر رہ گئی۔ آخر اس نے اس غداری کا بدلہ لینے کی ٹھان لی۔

شجاع کو خوف تھا کہ نہ جانے اب شہزادی کیا آفت برپا کرے گی۔ مگر برخلاف اس کے شہزادی نے اسے مبارک باد دی۔ اس خبر پر نہایت خوشی کا اظہار کیا اور رفتہ رفتہ گیتی آرا سے بھی راہ و رسم بڑھا کر اپنی ریاکارانہ محبت میں اسے ایسا اسیر کر لیا کہ وہ اس کا دم بھرنے لگی۔ گیتی آرا کا کمرہ بازار کے سرے پر واقع تھا جس کے نیچے ہر وقت دوکانداروں کی کرخت آوازیں، موٹریں اور ٹانگوں کا شور و غل بپا رہتا۔ شہزادی اب اکثر اس کے کمرے میں آتی اور دریچے میں بیٹھ کر پہروں اس پُر رونق بازار کی سیر دیکھا کرتی۔

شام کا وقت تھا۔ گیتی آرا اپنے کمرے میں پلنگ پر لیٹی تھی۔ شہزادی مسکراتی ہوئی اندر داخل ہوئی۔ اس کے ہاتھ میں مٹھائی کی ایک پلیٹ تھی۔

شہزادی۔ بہن آج طبیعت کیسی ہے۔

گیتی آرا۔ بدستور خراب ہے۔

شہزادی۔ کچھ کھایا پیا بھی ہے۔

گیتی آرا۔ بہن کھانے کو جی نہیں چاہتا۔

شہزادی۔ اس طرح فاقہ کرنے سے تو بہت کمزور ہو جائے گی۔ لو یہ تھوڑی سی مٹھائی کھا لو۔ امی جان نے نیاز کی بھیجی تھی۔ یہ تمہارا حصہ ہے۔

گیتی آرا کی طبیعت آج بہت بد مزہ تھی۔ اسے متلی ہو رہی تھی مگر شہزادی کے خوش کرنے کو اس نے پلیٹ اس کے ہاتھ سے لے لی اور رس گلا اٹھا کر کھانے لگی۔

شہزادی مسکراتی ہوئی دریچہ میں بیٹھ کر بازار کا نظارہ دیکھنے لگی۔ گیتی آرا نے رس گلا اٹھایا۔ مگر کھانے کو جی نہ چاہتا تھا۔ اس نے شہزادی کی آنکھ بچا کر سب مٹھائی گلنار کی پلیٹ میں ڈال دی۔ اور خود یونہی منہ ہلاتی رہی اور جب وہ مٹھائی ختم کر چکی تو گیتی آرا نے شہزادی کو دکھانے کے لیے تولیہ سے منہ ہاتھ پونچھ کر خالی پلیٹ میز پر رکھ دی۔

رات آدھی سے زیادہ گذر چکی تھی۔ یکایک گلنار کرب و اضطراب سے لوٹنے لگی۔ گیتی آرا کی آنکھ کھل گئی۔ اسے بیدار دیکھ کر گلنار نہایت درد ناک آواز سے کراہنے لگی۔ اس کی حالت متغیر تھی۔ پتلیاں پھر گئی تھیں۔ سانس رک رک کر آتا تھا اور وہ کوئی دم کی مہمان معلوم ہوتی تھی۔

گیتی آرا کی آنکھوں میں دنیا اندھیر ہو گئی۔ وہ انتہائی الم سے سر پکڑ کر بیٹھ گئی اور بے اختیار اس کے آنسو جاری ہو گئے۔ اتنے میں کسی نے زور سے دستک دی۔ گیتی آرا سہم گئی کہ اس وقت دست کے کیا معنی آخر دل کڑا کر کے پوچھا کون ہے۔ "جلدی دروازہ کھولو۔" کسی نے کہا۔ آواز پہچان کر گیتی آرا نے فوراً دروازہ کھول دیا۔

شجاع بوکھلایا ہوا اندر آیا اور کہنے لگا۔ اف گیتی آرا غضب ہو گیا۔ جلدی چلو۔ شہزادی قریب المرگ ہے۔ اس ناگہانی خبر سے گیتی آرا کے دل پر دھکا سا لگا۔ وہ کلیجہ مسوس کر رہ گئی۔ اور قہر درویش بر جان درویش گلنار کو اسی حالت میں چھوڑ کر شجاع کے ساتھ چل دی۔

گیتی آرا کو دیکھ کر شہزادی باوجود انتہائی کرب کے بستر سے اچھل پڑی۔ "آہ تم ابھی زندہ ہو۔" اس کے منہ سے بے اختیار نکلا۔ "کیوں کیا ہے۔" شجاع نے کانپ کر کہا۔

شہزادی (مایوسانہ نگاہوں سے دیکھ کر) میں نے پہلے اس کو مٹھائی میں سنکھیا ملا کر کھلایا اور بعد میں خود کھایا۔ مگر تعجب ہے اس پر ابھی تک کچھ اثر نہ ہوا۔

شہزادی کی زبان سے یہ لفظ سن کر شجاع تھرا اٹھا۔ مگر گیتی آرا کہنے لگی، بہن جسے اللہ رکھے اسے کون چکھے۔ میں نے وہ مٹھائی خود نہیں کھائی تھی۔ بلکہ گلنار کو دے دی تھی۔ آہ وہ بے چاری مجھ پر صدقے ہو گئی۔ اب تک یقیناً وہ مر چکی ہو گی۔

شہزدی۔ (اپنے خشک لبوں پر زبان پھیرتے ہوئے) آہ تم زندہ ہو اور میں اس دنیا سے نامراد جا رہی ہوں۔ افسوس صد افسوس۔

اس کی آنکھیں بے نور ہو گئیں۔ ناک ٹیڑھی اور اعضاء بے حس و حرکت ہو گئے۔ وہ کئی منٹ تک بالکل خاموش رہی۔ یکایک اس نے اپنی سب قوتوں کو یک جا جمع کر کے پھر آنکھیں کھول دیں اور اپنی نظریں بحال کر کے کہنے لگی۔

شہزادی۔ گیتی آرا تم خوش ہو گی کہ میں مر رہی ہوں۔ لیکن یاد رکھو، میری روح تم سے ضرور انتقام لے گی۔

اتنا کہتے ہوئے اس کی گردن کا نکاڈھلک گیا اور روح تن سے جدا ہو گئی۔

شہزادی کی تجہیز و تکفین کے بعد جب گیتی آرا اپنے گھر گئی تو یہ دیکھ کر اس کے تعجب کی انتہا نہ رہی کہ گلنار صحیح و سلامت اپنی کرسی پر بیٹھی ہوئی ہے۔

اس حادثہ کے دو مہینے بعد خدا نے گیتی آرا کو چاند سا بیٹا عطا کیا۔ مگر افسوس یہ خوشی ان لوگوں کو زیادہ دیر تک دیکھنی نصیب نہ ہوئی۔ بچہ پندرہ دن زندہ رہ کر گھر والوں کو داغ مفارقت دے گیا۔

بچے کی موت سے گیتی آرا اور شجاع نہایت دل برداشتہ ہو گئے۔ بڑی بیگم کو تو ایسا صدمہ ہوا کہ وہ جانبر نہ ہو سکی۔ ان کے بعد گھر کی رہی سہی رونق بھی کافور ہو گئی۔ شجاع تو

پھر بھی باہر جا کر دو گھڑی دل بہلا لیتا۔ مگر گیتی آرا تصویر یاس بنی ہوئی ہر وقت کڑھتی رہتی۔ در و دیوار کا ٹنے کو دوڑتے تھے۔ اب اسے کسی چیز سے دلچسپی نہ تھی۔ اس پر طرہ یہ کہ گلنار نے بھی اس کا ساتھ چھوڑ دیا۔

جب سے گلنار اس خوفناک موت کے منہ سے بچی تھی۔ اس دن سے اس کی عادتیں بالکل بدل گئی تھیں۔ وہ نہایت غصیلی اور خونخوار ہو گئی تھی۔ اب وہ اکثر اوقات گیتی آرا پر غراتی اور شجاع کو دیکھ کر بھی سامنے ڈٹی رہتی۔ اور اکثر اوقات ایسی خوفناک آواز نکال کر روتی کہ سننے والوں کے دل دہل جاتے۔

گیتی آرا نے اس کے گلے میں پٹہ ڈال دیا تھا۔ یہ تمام دن برآمدے میں زنجیر سے بندھی رہتی اور رات کو کھول دی جاتی تھی۔

ڈیڑھ سال بعد پھر گیتی آرا کے لڑکی پیدا ہوئی۔ مگر وہ بھی پندرہ دن تک زندہ رہ کر بغیر کسی بیماری کے اچانک مر گئی۔ اس بچی کی موت سے شجاع کو یقین ہو گیا کہ یہ مکان آسیب زدہ ہے اور اکثر اوقات رات کو نہایت ڈراؤنے خواب دیکھتا تھا۔ چنانچہ ان توہمات کے زیر اثر اس نے وہ گھر چھوڑ دیا اور باہر کوٹھی میں سکونت اختیار کر لی۔

یہاں آ کر بھی ان خوفناک خوابوں نے پیچھا نہ چھوڑا۔ وہ اکثر دیکھتا کہ گلنار گیتی آرا کے سرہانے بیٹھی ہنس رہی ہے اور بعض دفعہ اسے محسوس ہوتا کہ گلنار کا قد بڑھتے بڑھتے گدھے جتنا ہو گیا ہے۔ اس کا خیال تھا کہ یہ واقعات عالم بیداری کے ہیں۔ مگر گیتی آرا اس کے اس خیال کو تمسخر میں اڑا دیا کرتی تھی۔

اسی سال گیتی آرا کو پھر امیدواری ہوئی۔ شجاع کے باپ کے ایک دوست شیخ نیاز احمد نے جو ایک عالم با عمل تھے۔ استخارہ کر کے شجاع کو بتایا کہ گیتی آرا کے بچوں پر کسی بد روح کا سایہ ہے۔ چنانچہ انہوں نے ایک تعویز دیا کہ جب بچہ پیدا ہو تو اس کے گلے میں

ڈال دیا جائے۔

اتفاق کی بات سمجھو یا خدا کی قدرت گیتی آرا کا تیسرا بچہ اصغر زندگی والا پیدا ہوا۔ شجاع اور گیتی آرا کے رنج و اندوہ مسرت میں تبدیل ہو گئے۔ اور وہ اپنے آپ کو دنیا میں سب سے زیادہ خوش قسمت تصور کرنے لگے۔

بچہ نہایت تندرست اور موٹا تازہ تھا۔ والدین کا اعتقاد تھا کہ بچہ نے تعویذ کی برکت سے ہی زندگی پائی ہے۔ چنانچہ وہ تعویذ کسی وقت بھی اس کے گلے سے علیحدہ نہ کیا جاتا تھا۔

اصغر کی پہلی سالگرہ تھی۔ شام کا وقت تھا گیتی آرا کا کمرہ دلہن کی طرح سجا ہوا تھا۔ گلدستوں کی بوباس سے تمام کوٹھی بہک رہی تھی۔ برقی قمقموں کی تیز روشنی شیشوں کے سامان پر پڑ کر نہایت دلفریب سماں پیش کر رہی تھی۔ جابجا دروازوں پر زر و تار سہرے لٹک رہے تھے جو ایسی تقریب پر اکثر باندھے جاتے ہیں۔ در و دیوار سے شادمانی ٹپک رہی تھی۔ شجاع میز کے قریب کھڑا نہایت خوشی سے ان تحائف کو دیکھ رہا تھا۔ جو میز پر قرینے سے رکھے تھے۔ اور کمرے کی زینت کو دوبالا کر رہے تھے۔ یہ وہ تحائف تھے جو شجاع اور گیتی آرا کے عزیزوں نے اصغر کو سالگرہ پر دیے تھے۔

مہمان عورتیں رخصت ہو گئیں۔ گیتی آرا اصغر کو گود میں لیے اندر داخل ہوئی۔ بچے کو دیکھ کر شجاع کا چہرہ پھول کی طرح کھل گیا۔ اس نے بچے کو ماں کی گود سے لے لیا اور ایک کرسی پر بیٹھ کر اس سے کھیلنے لگا۔

یکایک اس کی نظر بچے کے گلے پر پڑی۔ وہ گھبرا کر کہنے لگا۔

"گیتی آرا اس کا تعویذ کہاں ہے؟"

یہ سنتے ہی گیتی آرا سٹ پٹائی ہوئی غسل خانے کی طرف بھاگی۔ اس نے نہلاتے

وقت اسے اتار کر شیلف پر رکھا تھا۔ مگر اب اس کا نام نشان تک نہ تھا۔ تعویذ کی گم شدگی سے ان کے دل بجھ گئے۔ اور رنگ فق ہو گیا۔ تمام مسرتیں یک دم کافور ہو گئیں۔ دونوں عالم یاس میں بچے کو گود میں لے کر پلنگ پر بیٹھ گئے۔

رات طویل اور خوفناک تھی۔ بارہ بجے کے بعد جھکڑ چلنا شروع ہو گیا۔ بارش کے ساتھ اولے بھی پڑنے لگے۔ رعد کی گرج اور برق کی چشمک زنی قیامت برپا کرنے لگی۔ ہوا نے وہ زور باندھا کہ الامان۔

کمرے میں اداسی چھائی تھی۔ پچھواڑے کی طرف برج میں گلنار بیٹھی نہایت پر درد آواز میں "میاؤں میاؤں" کر رہی تھی۔ اس کی ہولناک آواز شب تاز کی نحوست میں دو چند اضافہ کر رہی تھی۔ ایسا معلوم ہوتا تھا کہ صدہا بدروحیں بین کر رہی ہیں۔

باہر توشہ خانہ کی طرف سے برتنوں کی جھنکار سن کر گیتی آرا کے کان کھڑے ہو گئے۔ تھوڑی دیر بعد دروازے پر کھٹکا ہوا۔ پھر پاؤں کی چاپ سنائی دی۔ وہ کانپنے لگی۔ شجاع نے اسے تسلی دینے کی غرض سے پستول بھر کر پاس رکھ لیا۔

اتنے میں روشندان سے کوئی چیز دھاکے کے ساتھ گری۔ گیتی آرا خوف سے اچھل پڑی۔ شجاع نے کہا "اوہو یہ تو گلنار ہے۔" گلنار آتے ہی ڈریسنگ روم میں گھس گئی۔ شجاع نے اٹھ کر ڈریسنگ روم کے دروازے میں چابی گھما دی تا کہ گلنار باہر نہ نکل سکے۔

رات چوتھائی کے قریب گزر چکی تھی۔ شجاع اور گیتی آرا کی آنکھ لگ گئی۔ یکایک گیتی آرا نے خواب میں دیکھا کہ شہزادی اس کے ساتھ ہاتھا پائی کر کے بچہ چھیننا چاہتی ہے۔ اور دہشت سے اس کی آنکھ کھل گئی۔ اتفاقاً اس کی نظر ڈریسنگ روم کے دروازے پر جا پڑی۔ دروازہ آہستہ آہستہ کھلا۔ ایک عورت اندر سے نمودار ہوئی۔ گیتی آرا چیخ مار کر بے ہوش ہو گئی، شجاع جاگ اٹھا۔ اس نے دیکھا کہ شہزادی پلنگ کے قریب بچے پر جھکی

ہوئی ہے۔ گھبرا کر اس نے یکایک پستول داغ دیا۔ ایک خوفناک چیخ کے ساتھ دھم سے کوئی چیز زمین پر گر کر کراہنے لگی۔

یک لخت بجلی فیوز ہو گئی۔ کمرہ دھوئیں سے بھر گیا۔ شجاع حواس باختہ دیوار کا سہارا لے کر کھڑا ہو گیا۔ ادھر اصغر نے گلا پھاڑ پھاڑ کر رونا شروع کر دیا۔ اس کے رونے سے شجاع کی کچھ ڈھارس بندھی۔ اس نے جلدی سے دروازہ کھول دیا۔

مطلع صاف ہو چکا تھا۔ آخری مہینہ کے چاند کی پھیکی روشنی کمرے میں پڑنے لگی۔ شجاع نے بچے کو اٹھا لیا۔ اتنے میں گیتی آرا بھی تازہ ہوا کے جھونکے سے ہوش میں آگئی اور "میرا بچہ، میرا بچہ" کہہ کر ادھر ادھر دیکھنے لگی۔

"تمہارا بچہ محفوظ ہے۔ شجاع نے کہا اور گیتی آرا کا ہاتھ پکڑ کر برآمدے میں لے آیا۔ ادھر پستول کا دھماکا سن کر ملازم بھی آچکے تھے۔ شجاع نے انہیں لیمپ جلانے کا حکم دیا۔ لیمپ روشن ہونے پر دونوں اندر آگئے۔ یہ دیکھ کر ان کی حیرت کی کوئی انتہا نہ رہی کہ بجائے شہزادی کے فرش پر گلنار کی لاش پڑی تھی۔

***

ہاجرہ مسرور کے کچھ یادگار افسانے

معصوم محبت

مصنفہ : ہاجرہ مسرور

بین الاقوامی ایڈیشن منظر عام پر آ چکا ہے